政党外交论丛‖申险峰·主编 徐亮/邢新宇·副主编

政治合法性资源的生命周期理论

Theory on the Life Cycle of Political Legitimacy Resources

徐亮◎著

时事出版社

北京

图书在版编目（CIP）数据

政治合法性资源的生命周期理论/徐亮著．—北京：时事出版社，2018.1

ISBN 978-7-5195-0122-8

Ⅰ.①政…　Ⅱ.①徐…　Ⅲ.①政治学—研究—中国　Ⅳ.①D6

中国版本图书馆 CIP 数据核字（2017）第 251085 号

出版发行：时事出版社
地　　址：北京市海淀区万寿寺甲 2 号
邮　　编：100081
发行热线：（010）88547590　88547591
读者服务部：（010）88547595
传　　真：（010）88547592
电子邮箱：shishichubanshe@sina.com
网　　址：www.shishishe.com
印　　刷：北京朝阳印刷厂有限责任公司

开本：787×1092　1/16　印张：12.75　字数：176 千字
2018 年 1 月第 1 版　2018 年 1 月第 1 次印刷
定价：75.00 元
（如有印装质量问题，请与本社发行部联系调换）

本丛书由北京第二外国语学院首都对外文化贸易与文化交流协同创新中心“新时期中国外交新模式的政党实现”（项目号535013/005）资助出版。

目　录

导　论
问题的提出

政治合法性是政治学中一个极为重要的理论问题，它的现实意义也是不言而喻的。特别是20世纪90年代以来，苏联东欧执政党的政治危机，至2011年一直持续未断的“阿拉伯之春”引发的原执政集团危机，都在启发研究者“政治合法性及其危机”的严重性以及现实性。既然一个政党或政府无法长期保持合法性，那么说明政府和政党使用的维持其合法性的“手段”是有限的。那么，“手段”究竟包含哪些内容？为什么会失效？为什么“手段”无法得到及时的更新和变化？这是本书研究的起源和对象。

一、民主政治面临着的合法性危机问题

1945年，在延安回答黄炎培的历史周期律之问时，毛泽东肃然相答：“我们已经找到了新路，我们能跳出这周期率。这条新路，就是民主。只有让人民起来监督政府，政府才不敢松懈。只有人人起来负责，才不会人亡政息。”也就是说，民主能解决周期率的问题。然而，二战之后各国政府的历史告诉我们，民主不能解决所有问题，经济发展和提高人民生活水平也非常重要。美国学者蔡美儿在《燃烧的世界》(或译为《起火的世界》)中，对以下问题尝试进行了解答：为何输出自由市场民主，却收获种族仇恨与全球动荡？这个世界为何会因推广“自由市场

民主”而“起火”？民族仇恨、种族矛盾是“自由市场民主”引发的吗？为何南北苏丹分裂、“阿拉伯之春”余波未尽、叙利亚政局动荡起伏？原来世界上还存在着这样多的国家有这样的现象：少数族群掌控主体经济，并且因此备受迫害甚至屠杀——蔡美儿教授在书中描述了一个“起火的世界”。她用大量生动的故事与事件，展现了非西方国家因“自由市场民主”引发了种族仇恨与动乱的场景。无论这些国家的“民主制度”是内生，还是被输出，民主政治何以会碰到合法性危机？如何解决这些危机？

（一）绩效与合法的平衡

现代民主理论往往把民主制度的合法性建立在三个基础之上：（1）民主的普遍性；（2）民主的价值性；（3）民主的程序性。但是在研究中，很少有人把民主制度的合法性置于有效性之上。民主国家的政治稳定不仅取决于合法性，还取决于经济发展，取决于政治制度的绩效或有效性。最典型的是利普塞特，他系统地阐述了民主制度在有效性方面的合法性基础。他认为，任何一个民主国家的不稳定不仅取决于合法性，而且还取决于经济发展，取决于政治制度的绩效或有效性。由于政治学家将选举作为民主的一个核心指标。那么“选举民主=政治合法性”吗？

一个普遍的观点认为，多数人统治的民主选举会产生政治合法性的政府，其逻辑是自由投票是建立在政治平等原则基础上的，而政治平等原则是赋予政权合法性的基本准则（一人一票）。

在这个规则中，人数说了算，而从各个方面来看，多数人应该有权决定公共政策。选举民主为失败方带来了希望，即下次选举时他们拥有新的机会成为获胜方。所有这些观点依赖的是这样一个论点：合法性是在政治体系的输入端建立的——它来自有效的利益表达形式。选举民主至少提供了接近实现人民意志的一些东西。关于这一点，在《联合国人权宣言》的第21条中表述如下：人民的意志是政府权力的基础；这一意志应以定期和真正的选举予以表现，而选举应依据普遍和平等的投票权，并以不记名投票或类似的自由投票程序进行。然而，不断更迭的政府使得民主政治的治理失败成为政治学家关注的新焦点。“选举民主＝政治合法性?”这个问题，又有了新的意义。博·罗斯坦认为，在谈到建立政治合法性时，选举民主的作用被极大地高估了。政治合法性不是在政治体系的输入端而是在输出端被建立、维持、破坏的。政治合法性主要取决于政府的质量，虽然选举民主也是非常重要的。① 简单来说，政治合法性取决于政府的质量，而不是取决于选举质量或者政治代表性的质量。

美国在向伊拉克输入“民主”的过程中，就受到了“选举民主＝政治合法性”的影响。在推翻萨达姆政权以后，布什政府想通过引入“大众选举民主”（electoral mass democracy）在伊拉克建立合法政权。2005 年 12 月 12 日发布的标题为《伊拉克的民主》的所谓“情况说明书”中，白宫的陈述是：“两年半前，伊拉克处在残酷独裁者的掌控之下。自那时起，伊拉克人拥有了国家主权，举行了自由选举，起草了民主宪法，在全国范围内以全民公决的形式批准了这部宪法。三天后，他们将在今年第三次走进投票站，选出遵守新宪法的新政府。尽管工作依然困难，但是，2005 年将被作为伊拉克、中东、自由历史上的一个转折点而载入史册。”但是这种“努力”已经遭到严重挫败。尽管伊拉克人民参加了几次投票，每次投票的人数也多

① 瑞典哥德堡大学政治学系教授博·罗斯坦（Bo Rothstein）的《建立政治合法性——选举民主与政府治理的质量》《美国行为科学家》（American Behavioral Scientis, June, 1998, p. 128）。

得惊人，尽管投票是以相当有序的方式，并且至少对这个国家来说，还是以出乎寻常的公正方式进行的，但是，伊拉克政府一直不能在本国树立起合法政权的形象。逊尼派区域始终被“伊斯兰国”占据，而伊拉克则“民主”地产生了事实上的库尔德、什叶派中央政府和逊尼派极端主义三分的局面。

（二）民主政治合法性危机出现的时机

民主政治的合法性危机并不是随时都存在的，它出现于民主看起来较为稳定的国家，但是成为舆论关注焦点的，往往是“转型国家”。合法性危机出现在这些国家的社会变革时期，即向新社会过渡的时期，其主要原因在于：

（1）结构变革时期主要保守力量的地位受到威胁，出现了一些持有非正统价值理念的政治势力；（2）过渡时期社会主要群体有了参政的政治要求却没有参政的机会，导致反体制的力量在体制外集结；（3）新的社会制度建立后，在长期内不能满足主要群体的期望，并以此为基础塑造新的合法性。对西方社会来说，引发群体冲突的因素有：国内教会或不同宗教的地位（宗教问题）；低薪工人通过集体谈判获得充分的公民权（公民权问题）；在国家收入再分配上持续不断的竞争（集体谈判问题）。

例如美国的“民主扩张带来的”合法性危机就是一个案例。20 世纪 60 年代，美国的民主扩张达到高峰，民众的政治参与水平，如投票率、游行、示威、抗议以及种种政治运动均出现高涨势头，平等的价值受到了广泛的重视。民主的过分扩张导致了美国民主制度的合法性危机，政府活动急剧膨胀，而政府权威却日益下降。亨廷顿评价说：“60 年代民主的活力对 70 年代民主的统治能力提出了若干疑问；政府活动的膨胀对政府的经济偿付能力提出了疑问；政府权威的减弱使政府的政治偿付能力产生了疑问。”“烧钱的选举”则又从本源上损害着民主的合法性。一些学者估测，2012 年美国选举耗费 20 亿美元，创下最高纪录（2016 年美国大选花费超过了 50 亿美元）。依据美国敏感政治问题研究中心 2012 年 10 月 31 日发布的数据，该次选举在总统竞选层面将耗资 26 亿美元，略低于 2008 年的 28 亿美元。但总体而言，2012 年选举总花费会超过 2008 年选举大约 7 亿美元。

亨廷顿认为，美国民主制度的合法性危机主要表现在：

（1）民主削弱了权威（怀疑权威：在年龄、职位、地位、专长、声望、才智上优越的人，“公众对政治领导人和组织的信赖和信任程度衰落，政治体制中权力和影响力下降”）。（2）公众信心和信赖衰落。（3）美国政党体制出现了衰落：无法控制投票；问题政治取代了党派政治；政党的基础衰退。（4）政府与反对党之间的平衡转移。

“民主过剩”主要有以下三种表现形式①。

其一，非理性的党派倾轧。2010 年 2 月 23 日通过的医改法案：众议院 178 名共和党议员无一例外地投出反对票。对此就曾有评论指出奥巴马的医改法案已经创造了美国历史奇迹：从来没有一个如此重要的法案的通过，没有另外一个政党的一张赞成票。不仅如此，党派对立已经从立法领域蔓延到司法领域的美国最高法院。2011 年 1 月 26 日凌晨（美国时间 25 日），美国总统奥巴马发表 2011 年国情咨文，但最高法院部分共和党籍大法官未出席总统的演讲，以示对奥巴马国情咨文的抵制。

其二，向原始状态倒退的抗议示威。比如，2010 年 3 月 15 日意大利首都罗马市政厅内上演了一场脱裤子的“民主秀”，大约 50 名左翼政党的官员以脱裤子的方式抗议，呼吁来自中右翼政党（自由人民党）的罗马市长尽快通过该市 2010 财政年度预

① 王稷象：《民主的过剩》，爱思想网，2012 年 11 月 18 日。

算。

其三，民意表达范围的无限扩大。奥巴马把美国信用的降级归结于美国政治的失败。不是世界对美国经济怀疑了，而是美国的民主政治变成了党派及个体之间为了“捍卫民主”而无休止的内部消耗。奥巴马说美国的政治现状是这样的，如果民主党说，天空是蓝色的，共和党连想都不想就会说“不对”。奥巴马遇到的真正问题是，政客们已经过于沉迷于“民主”的形式，而忘记了民主的真正精神。①

亨廷顿认为，民主过剩是民主制度合法性危机的根本原因。在实际政治生活中，民主应该在两个方面受到节制：（1）民主是建立权威的唯一办法，但没有必要成为一个普遍适用的办法，专业知识、资历、阅历和特殊才能也能形成权威。民主原则过分普遍化，结果是民主原则的滥用。（2）民主政治系统的有效运转通常需要某些个体和群体的某种程度的冷漠或回避（政治边缘人）。②

二、威权国家面临的合法性危机问题

第二次世界大战后，一些国家建立了独立的政权。这些国家一般实行一党制、军人政体或个人专制统治，在政治上实施集权统治和高度控制，在经济上适度自由，实行市场经济。它们被称为威权主义或威权国家。这些国家在独立后一般面临以下问题：国家分裂、政局混乱，政权更迭频繁，担负着国家建设、发展经济的重要任务。

（一）威权国家的特性

威权国家主要有以下几个特征：

---

① 《民主的代价》，财经网，2011年8月12日。

② 亨廷顿：《变革社会中的政治秩序》，上海人民出版社，2008年版。

有限的政党政治。威权体制不允许各种政治势力公开竞争政府权力，政府权力是由执政者当局垄断的。威权国家可能存在其他政党，但禁止多党竞争，这些政党的各种行为和利益表达受到严格限制。

行政组织占据主导。行政组织相对于立法和司法组织占有优势，并控制它们的行为。在一些威权国家，司法不是独立的，而是隶属于行政机关。立法机关在进行立法、司法机关在进行审判时，常常受到行政机关的干预，影响着它们的行为。

少数人的统治。在威权国家，最高权力掌握在几个人手里，实行集体决策。领导人往往有一个由自己掌握的小集团，控制着整个国家，常常得到军队的支持，为“军政府”。

有名无实的民主制度。威权政治不以选票来获得合法性；没有完整的意识形态基础，或这种意识形态不为一般民众所认可；过多使用暴力会造成反抗。在制定发展规划时，强调国家而不是阶级，威权国家试图使行动计划看起来惠及所有人；装扮成整个社会所有利益集团的捍卫者而不是统治者利益的捍卫者。

由于缺乏传统的合法性基础，也缺乏魅力型的合法性基础，同时又缺乏民主体制的程序合法性，威权体制的合法性必须以达到一定目标或取得一定成就为基础，这些国家一般通过发展经济来赢得合法性。为此，政府必须做到：“统治”，在政治上使整个社会免受内部颠覆以及外部威胁；“治理”，在经济上采取一系列刺激经济发展的公共政策。

（二）公共政策与合法性

在还没有完全实现法治化的威权国家，其合法性很大程度上取决于它实行的公共政策。

（1）经济性公共政策：提高社会福利，增进国民财富，治理污染，改善农村生活条件，提供更多就业机会，控制通货膨胀等；（2）政治性公共政策：保障言论自由，保障人权，维护社会秩序，维护社会公平和正义，缩小贫富差距，保障国家安全等。

威权国家的本质：在政治上是压迫性的，在经济上是累积性的。如果经济发展带来的是社会的不平等和政治上的不民主，它的合法性同样会下降。

经济性公共政策对国家合法性的支持程度是有限的。如果一个威权国家试图通过牺牲政治、民主和社会平等来实施成功的经济政策，结果只能降低政府的信用。

下限：政府绩效必须超过某个最低水平，否则权威主义的合法化就不能为人所信，因为政治体制在追求它所宣布的行动计划方面是无效的。

上限：如果政府绩效超过一定的水平，它就不能为威权政府提供合法性了，因为如果社会经济条件通过成功的政府绩效得到了改变，威权政治体制就会因为完成了它的使命变得不再是不可缺少的了。

威权政治的统治者一旦面临合法性危机，总是会努力寻找新的社会政治经济“危机”，包括真实的和想象的，从而继续为其存在寻找理由。

（三）威权政治的合法性危机形式

威权政治合法性危机的表现：

第一，经济发展带来贫富差距和两极分化。

第二，市场体制的不完善造成严重的政治腐败。——市场体制的有效运转需要政治上的一系列制度原则相配套。

第三，制度化程度不足，非制度化参与普遍。——建立在裙带关系和扩散性的人际关系基础上的以个人利益为驱动力的参与、向官员行贿，不符合法律程序规定的群体游行、集会、围攻政府机关，等等。

第四，政治发展的滞后造成民众的期望降低。——活得有尊严。经济发展的可持续性与成果分享问题。

通过令人满意的政治民主化改革增强威权国家的合法性，这要求改革和瓦解威权政治制度，这就是威权国家合法性危机的本质。既得利益集团反对实行相对平等化的改革政策。

（四）威权政治的出路

根据历史上一些威权国家的走向，威权政治的出路主要是：

第一，拒绝改革，维持现状。渲染民主转型的失败案例以及民主政权的种种弊端，以此获得“负面合法性”。

第二，进行少量改革。为它们的政权涂上一些民主合法性的外表，比如做出民主化的承诺。

第三，挑起外部冲突，诉诸民族主义来恢复合法性。但战争的风险和代价很高。

第四，导入民主体制。民主制已经开始被看成是任何威权政治的唯一合法和可行的一种选择。

三、民主、威权的共生性问题

现有的研究倾向于将民主国家、威权国家分开来看，但是事实上，它们的问题都可以归结为一个相似的主题：“合法性资源的生命周期”。在这里，我们不对民主或威权做意识形态的预先优劣评价，而是置于历史长河中，共同视为一种资源。那么这种资源的问题，实质上是一种物质的运动及其规律问题。老子认为，“万物作焉而不为始，生而不有，为而不恃”，又云“生而不有，为而不恃，长而不宰，是谓玄德”。这实质上在说明，执政者所拥有的优点最终会转变为一种弃之可惜的负面资产。

合法性生命周期，是指“合法性”有生长、成熟、衰弱、再生和崩溃的生命周期。通过依据合法性理论，本书阐发了合法性资源的生命周期理论，对合法性生命周期的理论前提、解释框架、外部正反向干预对合法性生命周期的影响进行了阐述，最后总结了合法性生命周期理论的现实意义，并运用合法性生命周期与外部干预的关系解释了实际案例。

本书缘起于2010年、2011年笔者发表的两篇学术论文《北美大陆干预性历史进程及美加的差异》《中国与斯里兰卡军队在内战结束后参与经济重建行为角色的异同》。蒙北京外国语大学国际关系学院史泽华副教授抬爱，笔者作为项目组成员参加了他主持的2012年度教育部人文社会科学研究项目“外部干预与重建政权合法性的生成——基于中美比较的视角”（12YJAGJW010），本书受到该课题研究思路与方法的颇多启发。本书内的绝大部分章节，是在2012—2016年陆陆续续完成的。本书是对笔者关于合法性理论问题长期思考的理论交代和总结。本书得以出版，要特别感谢北京第二外国语学院首都对外文化贸易与文化交流协同创新中心“新时期中国外交新模式的政党实现”（535013/005）项目经费的资助，和时事出版社雷明薇主任、方苹编辑的辛勤工作也是密不可分的，老母亲盛得耿和妻子王卓在研究时间上也给予了极大的便利。由于学识和视野所限，本书一些研究内容细化的程度还不是很充分，这些都需要在以后的研究中加以深入。本书内容和学术观点，概由本书作者负责。

第一章
政治合法性资源的生命周期基本理论

政治合法性涉及政治学的一个最古老也是最基本的问题，即如何使政府或政党进行的政治统治取信于民？《左传》中就说：“国之大事，在祀与戎”，祭祀和战争对政权护持至为重要。中世纪的西方，也盛行类似于“天命论”的“君权神授论”，从神秘的世界寻找维持政权合法性的资源。文艺复兴以来，随着人本主义观念的兴起，专制和迷信色彩浓厚的“天命论”和“君权神授论”逐渐在东西方都失去了市场，因而也就失去了作为合法性护持资源的作用。在西方，取代“天命论”和“君权神授论”的是新的“社会契约论”和宪政民主的理论；在东方则是马克思主义的人类解放理论以及人民民主理论成为了政权合法性的来源。纵观政治学理论的近现代发展，社会契约论可以说是从理论上系统探讨政治合法性问题的开端。把合法性作为一种社会学现象来加以研究的首推德国社会学家马克斯·韦伯。作为对列宁主义的反思，新马克思主义（Neo-Marxism）理论家进一步发展了合法性的思想。哈贝马斯等思想家关注的问题是，现代资本主义国家为什么没有系统地发生像卡尔·马克思所预言的社会革命？他们的研究结论是，现代资本主义形成了一种机制，既通过扩大民主和社会改革的路径，塑造了社会公认或“同意”(consent)的原则，从而抑制和延缓了阶级对抗。当然，这些内容都不能单纯地解释成福山“历史的终结”下的“选举民主”的胜利。在“开放和包容”的解释框架之外，还可以寻找另外一种新的解释理论，也就是沿着韦伯、哈贝马斯的逻辑向前推进，从而推进到合法性资源的生命周期理论问题。当合法性的资源被灵活运用以维系合法性时，经济、民主、思想和开放的力量就会起作用。

第一节　政治合法性的一般理论

政治合法性（political legitimacy）是指政府基于被民众认可的原则基础上实施统治的正统性或正当性①。简单而言，就是一个国家的政府实施统治在多大程度上被公民视为合理的和符合道义的。当政府治下的大多数民众认为政府实施统治（包括使用武力威胁）是正当的，也就是政府具有合法性的时候，民众对政府的统治或治理就会自觉加以服从或者消极服从，即使某些群体或少数人出现抵触，也不会危及根本统治。

一、政治合法性的历史渊源

政治合法性尽管是一个近现代才提出的概念，但是合法性问题却伴随着人类政治史始终。在阶级国家诞生之前，人们就知道运用一些资源来说服民众服从管理。原始社会的部落酋长，以“威望”这一资源来确定合法性。皇权时代，帝王使用“君权神授”“真命天子”等理论来增强其统治的合法性。法国思想家卢梭认为：“人是生而自由的，但却无往不在枷锁之中。自以为是其他一切主人的人，反而比其他一切更是奴隶。”② 卢梭的学说已经涉及到了“服从”的观念。他说，“即使最强者也

① 王浦劬主编：《政治学基础》，北京大学出版社，2006 年版。
② 卢梭：《社会契约论》，商务印书馆，2011 年版。

决不会强得永远做主人，除非他把自己的强力转化为权利，把服从转化为义务”，并且“强力并不构成权利，而人们只是对合法的权力才有服从的义务”。卢梭的人民主权说奠定了现代民主国家的合法性基础。因此，近代启蒙思想家认为来自人民的“公意”是政治合法性的唯一基础。人类要面对危险的自然界和复杂的人类社会，需要进行组织生产活动与社会生活，那么自然就产生了权威。那么权威依靠什么来使别人服从呢？

在回答这个问题之前，需要知道权力和权威实质上是两个有差异的问题，比如在现实生活中，有时拥有“权力”（接近暴力的含义）者可以强迫对象接受管理，但是拥有权力者可能没有“权威”（更接近魅力的含义）来管理生产关系或社会关系中的受支配对象。在这种情况下，拥有权力者的统治、治理或管理就可能是不合法的。启蒙思想家对此也有自己的解答。卢梭按照其“公意”产生合法性的逻辑认为，现代社会中所有个体都是自己的主人，都是自由平等的，要想一个人服从他人，需要这样的政府——每个人都能把自己的意志全部转让出去，形成所谓“公意”，每个人服从这个“公意”，同时也享有自由。卢梭还认为，一切政治的统治，除非是建立在人民主权基础上，否则所有的统治都是不合法、不正当的①。

按照卢梭的学说，合法性问题就变成了近现代西方政治学的整体性问题。可以说，西方近代主流政治思想的主题就是政治秩序的合法性基础问题。布丹的君主主权说、霍布斯的“利维坦”、洛克的契约论、孟德斯鸠的“法的精神”等都是对合法性问题的哲学探讨。

反观东方，特别是在中国古代，关于政治合法性问题一直是春秋战国各家学派讨论的重大问题。从西周“天命所归”，老

① 卢梭：《社会契约论》，商务印书馆，2011 年版。

子、孔子、墨子、韩非子，都通过不同的方式来解读该问题。对合法性问题最有名的论断是中国唐朝“水能载舟，亦能覆舟”以及传统政治智慧中的“马上得天下，不能马上治天下”的格言。

可以说，东西方的政治思想，都将合法性作为了执政集团重大的问题来研究与讨论。但是这个问题并没有得到本质上的解决。正如1945年黄炎培在延安提出的历史周期律问题：“我生六十余年，耳闻的不说，所亲眼见到的，真所谓‘其兴也浡焉，其亡也忽焉’。一人，一家，一团体，一地方，乃至一国，不少单位都没有能跳出这周期率的支配力。大凡初时聚精会神，没有一事不用心，没有一人不卖力，也许那时艰难困苦，只有从万死中觅取一生。既而环境渐渐好转了，精神也就渐渐放下了。有的因为历时长久，自然地惰性发作，由少数演为多数，到风气养成，虽有大力，无法扭转，并且无法补救。也有为了区域一步步扩大了，它的扩大，有的出于自然发展，有的为功业欲所驱使，强于发展，到干部人才渐见竭蹶，艰于应付的时候，环境倒越加复杂起来了，控制力不免趋于薄弱了。一部历史，‘政怠宦成’的也有，‘人亡政息’的也有，‘求荣取辱’的也有，总之没有能跳出这周期率。”[①] 这个历史周期律问题，是中国近现代历史上的名问。它充分说明，政治合法性及其危机本身是一个关系到任何一个执政体系生死存亡的高阶政治问题。

二、政治统治何以维持?

自国家建立以来的历史使得一些问题长期萦绕于人们脑海

① 黄方毅：《“黄炎培周期率”七十年沉浮——黄炎培辞世五十年》，观察者网，http：//www. guancha. cn/huangfangyi/2015_ 07_ 16_ 327076_ s. shtml。

中：为什么人们甘愿服从统治？难道仅仅用超稳定结构和文化奴性就能解释？事实上，我们更多可以将之看成一个政治心理学的议题，也就是说合法性是促使被统治者服从某种命令的动机，而“动机”的产生与维系乃至破灭就是政治学的重要研究对象。比如，欺骗可以产生短期的服从动机，但是却并非是理性的政治集团长期的主要依托。

现有的理论解释体系，习惯上都可追溯到德国社会学家马克斯·韦伯。他认为，历史上任何现实的政治秩序的有效性均以如下两个有效性为基础：（1）外在的客观的有效性，如服从的习惯或习俗，以及强制性的法律；（2）内在的主观的有效性，如被统治者发自内心地认为统治者有权指挥他们，而自己则有义务服从统治者。①

根据知识的类型学，马克斯·韦伯划分了三种类型的合法性：（1）传统型的合法性。指的是自古就流传下来的传统，尤其是从祖先继承下来的神圣规则。人们必须无条件服从既定的规则，常常被奉为不可改变的圭臬。较常见于长老制、家长制和世袭制中，常见的言辞有：“历来如此”“奉天承运”等。在古代社会，该种类型使执政延续的周期较长。（2）魅力型的合法性。该类型依赖的是最高统治者的特殊魅力和超凡品质，即从人格上皈依某个人的大彻大悟、大智大勇和其他一些领袖品质。它来自于服从者作为信徒的虔诚态度，是一种最不稳定的统治形态。（3）法理型的合法性。这种类型指的是法律和章程的明文规定，相信法令、规章必须合乎法律，掌权者必须在法律规则的约束下才有发布命令的权力。从稳定性来说，这是一种比较稳固的政治统治。

---

① 马克斯·韦伯著，林荣远译：《经济与社会（上卷）》，商务印书馆，1997年版。

这些只是学术性的分类，这种分类方法便于研究。但具体到当代国家的政治实践中，几乎所有国家都倾向于以某种类型为主，兼采其他类型的长处。例如，在法理性合法性为主的西方国家，如果没有来自“民主信仰”“新教伦理”的配合，那么法理性合法性也会大受影响。

三、政治角色与合法性

政治合法性与人的关系不可分割。在现代社会，为什么有些人做出的决策能够约束他人？而为什么有些人做出的决策被看作代表了整个社会？针对这些问题，近现代的思想家们进行了非常有益的探索。如美国社会学家塔尔科特·帕森斯认为，无权者之所以服从有权者的指挥，原因是有权者行使着代表整个社会做出有约束力的决策的权力。而那些担任无权角色的人之所以服从担任有权角色的人，在法理性的合法性逻辑下，主要有以下三个原因：

其一，他们服从有权者，在于他们所担任的角色，而不在于担任有权角色的个人的品性。公民角色本身包含着公民的权利，据此，可以在服从政府官员的同时，要求提供服务与保护（公民—政府官员）。

其二，公民的义务是保障政府官员合法性的重要因素（约束公民行为和政府官员行为的具体安排，即是作为政府官员角色的义务和作为公民角色的义务）。

其三，潜在的可动用的武力（强制性的惩戒和制裁，解决个别不服从问题）。

因此，最终决定有权者合法性基础的是特定的决定政治角色的权利和义务的价值和规范。所以，在一个社会中，政治统治的合法性的最终和最重要的基础就是统治者的统治得到该社会最高价值的支持①。

四、政治制度的利益

如果说合法性显得扑朔迷离，那么确定一个标准来衡量合法性能够增强其合法性。每个学说、流派都会有自己的解说，那么其中有一种则居于相对核心的位置，这就是社会的最高价值。那么社会的最高价值是什么呢？近现代以来的不同学说，有着各自不同的解读。西方的自然法理论认为，公共利益是一系列由自然法原则所确定的规范和公共价值。假如政府行为符合这些规范和价值，它就具备合法性；否则就是不合法的。卢梭式的民主理论进一步认为，应当把公共利益界定为“公意”。本特利从现代民主理念出发，偏好程序民主，把公共利益界定为各方冲突并妥协的产物。亨廷顿认为，公共利益是政府制度本身生成的利益。政府越是代表自身的利益，就越不代表社会势力的利益，它就越具有合法性，如果政府制度只代表社会势力的利益，而较少或很少代表自己的利益，那么它就不合法。前任美国驻华大使洪博培曾经说过，“国家第一”是美国人引以为豪的传统。无论你是在部队还是在公共服务方面，你总是做你认为对国家有利的事，而不是为你的党派。党派是有助于组织选拔候选人、筹款、强化思想②。但归根结底，这些举动都是为了让“美国”变得更好。

五、有效性与合法性

政治合法性问题，是每个政权自建立后必然面临的问题。

---

① 参见塔尔科特·帕森斯著，张明德译：《社会行动的结构》，译林出版社2012年版；塔尔科特·帕森斯著，佐藤勉译：《社会系统》，［日］青木书店，1974年版。

② 《他们眼中的改变——对话洪博培》，新浪网—新闻中心，http：//news. sina. com. cn/z/changehbp/。

但并不是每个政权在任何时刻、任何领域都面临着合法性危机的问题。承认合法性，这个对任何学者、任何政党都不是难题。但是在判断一个政权是否陷入合法性危机方面，往往是同一种现象，众说纷纭，公说公有理，婆说婆有理。比如“苏联剧变”这个问题上，当时主流政治学家都没有预料到的，但是当时和之前的一些政治家却预测到了，如托洛茨基、毛泽东和吉拉斯。可以说，在对合法性的判断上，存在着较大的分歧和研究空间。

利普塞特认为，政治权力或政治体制的合法性，是指“政治体制使人们树立和坚持对当今社会来说现存政治制度最理想的能力”。因此，判断一个政治制度或政府权力合法性的主要路径，是“看那个国家是否已经培养起一种长期延续的政治文化的范围，主要指全国性的仪式和假日”①。如果按照这个思想，那么合法性危机问题就容易处理了。然而，现实政治绝非“仪式和假日”那么简单。如果按照这个标准，那么中国古代的改朝换代就很难发生。然而这并不符合历史事实。

在这里，有效性是指一种成就偏好，指政治权力主体取得的成就，如国家的繁荣、战争的胜利、社会的安定和和平的秩序等②。任何一种特定民主的稳定性，不仅取决于经济发展，还取决于它的政治系统的有效性与合法性。国家政权的有效性取决于国家权力运作资源是否充足。静态来看，国家政权必须具备与其职能相适应的权力体系，如机构和权力设置的合理、法律制度体系的健全等；动态来看，国家政权必须具备其运作所需要的能力，最重要的是政府的财政能力和政策能力。

---

① 孟永、刘群：《论政治的合法性》，《和田师范专科学校学报》，2005年第2期。

② 马宝成：《有效性：现代政治合法性的政绩基础》，《天津社会科学》，2002年第5期。

而政治权力的有效性是指政治权力运行过程中的实际作为，即政治权力主体在行使政治统治与社会管理过程中所取得的实际绩效。如政治秩序与政治稳定、经济与社会发展、社会公正和民主参与、公共服务与社会治理、国家安全与国际地位等。

根据不同程度的合法性与有效性的关系，可以进行类型学的划分：

其一，合法性与有效性“双高”型，主要是指瑞典、英国、美国等国家。

其二，合法性高、有效性不足的“高低”型，主要是一些转型国家初期面临的混乱和所谓的“民主代价”时期。

其三，合法性低但有效性高的“低高”型，一般是指管理良好的殖民地。

其四，合法性与有效性都低的“双低”型，主要是一些“失败国家”①。

事实上，在具体的政治层面，绝大多数国家都处于四者之间的模糊地带。四种类型的划分实质上是一种为研究方便而进行的切割。有效性越高，越有利于维护和提升其合法性，有效性的不足超过一定限度时则会损耗或危及政治权力的合法性。例如在一些民主转型国家，治理的失败使原有政治体系复归，如后穆巴拉克时期，穆兄会治理的危机使得军队重新掌握政权。一个政权的合法性越高，在一般情况下越有利于促进经济增长和维护社会稳定，或面临绩效危机时度过难关。政治权力的有效性是工具性的，合法性则是评价性的。有效性是合法性的重要来源，而不是全部来源。在这一点上，西方政治学有一些经

① 邹静琴：《网络民主对政治权力合法性的双向影响分析——基于利普塞特合法性与有效关系理论框架的审视》，《广东青年干部学院学报》，2009 年第 3 期。

典的描述，摘录如下：

马克·夸克："合法性这一概念首先并且特别地涉及到统治权利，合法性即是对统治权利的承认。"①

《布莱克威尔政治学百科全书》则强调两点：一是统治、政府或政权怎样及能否有效运行；二是这种有效性的范围、基础和来源。②

马克斯·韦伯："被统治者——至少是社会方面重要的各阶层——内部最低限度的赞同，是任何一种统治、包括组织最好的统治的持久性的先决条件。"③

戴维·伊斯顿：民众对于一个政治系统的合法性信仰是必不可少的，没有对系统合法性的一些适度的信奉，任何系统都不能延续，至少不能延续很久。④

托克维尔在考察美国的民主时说，在自然原因、法制原因和精神原因中，如果按照他们对民主制度的贡献分级的话，那么，"自然环境不如法制，而法制又不如民情（这里民情很大程度上指的是合法性或合法性资源）"⑤。

综上所述，政治合法性可以被界定为政治权力主体的权力及其行使得到政治权力客体认可和自愿服从的能力和特性。而有效性的讨论必然要涉及到合法性资源的问题。而合法性资源对于政治权力存在着强弱的有效性，使得合法性资源对于合法

① 让—马克·夸克：《合法性与政治》，中央编译出版社，2002 年版。

② 转引自任勇：《从嵌入到断裂：中国社会认同的轨迹变迁》，《内蒙古社会科学（汉文版）》，2009 年第 4 期。

③ 马克斯·韦伯：《经济与社会》，详细讨论请参见陈科霖：《合理性、合法性与正当性：地方政府改革创新的多重张力及其重构》，《第九届珞珈国是论坛论文集》，第九届珞珈国是论坛，2015 年 11 月 17 日。

④ 戴维·伊斯顿著，王浦劬译：《政治生活的系统分析》，华夏出版社，1999 年版，第 322 页。

⑤ 托克维尔著，董果良译：《论美国的民主（下卷）》，商务印书馆，1993 年版，第 845 页。

性表现为一种生命周期。一般的著作会将政治合法性归纳为以下三种基础和来源，即制度基础、政绩基础、理念基础。这种划分方法较为简明，但对于这些因素如何运作、效果如何却缺乏进一步的研究。这正是本书所要探讨的问题。

第二节　合法性资源的承载主体

承载合法性资源的主体可以是多元的，但归根结底都是最高权力的掌握者。在政治史中，合法性的承载主体是名目繁多的。在古代欧洲，有教皇和教会，有君主，有僧侣。在古代的亚洲，则有婆罗门、皇帝、国王、宗教领袖等多种形态。进入近代以来，随着国家主权观念的出现和民族主义的兴起。合法性的主体不仅是作为个体的统治者，还向执政党、总统，以及民族、国家、阶级等政治共同体推演。在苏联、东欧制度下，阶级是一种合法的统治集团（吉拉斯称之为“新阶级”，毛泽东称之为“官僚主义者阶级”）。在仍然存在着君主的亚非拉一些国家，君主依然是至高无尚权力的拥有者。执政党、联合政府、专家委员会、宗教委员会、革命委员会等等这些名称不一的组织，只要是围绕最高政治权力而开展的活动，都属于合法性资源的承载主体。

一、国家

国家是由国土、人民（民族）、政府和国际承认四个要素组成的国际主权单位。国家行政管理当局是国家的象征，是一种拥有治理社会权力的国家机构，在一定的领土内拥有外部和内部的主权。但如果一个国家的存在面临着严重的民族分裂主义和国际不予承认的现实，那么该国家的合法性就存在着严峻的危机。这些国家往往被称为“失败的国家”。其中典型的代表是

2015 年仍然四分五裂的索马里。

部分国家仅具有有限的国际承认。这样的国家的合法性也存在着危机。截至2011年，世界上有197个国家被国际普遍承认，其中193个为联合国会员国。梵蒂冈、巴勒斯坦、纽埃、库克群岛等四国为国际普遍承认，非联合国成员。其中，梵蒂冈和巴勒斯坦为联合国观察员国。暂未被普遍承认的，其中两个是被国际部分国家承认的，均未加入联合国，不过在国际习惯法中被视为国家：撒哈拉阿拉伯民主共和国（西撒哈拉）、科索沃。极少或不为国际社会承认的政权，均未加入联合国。

二、民族

在多民族国家里，主体民族的治理权和少数民族的被承认权历来是合法性的斗争焦点。冷战结束后，世界的民族冲突剧增，民族分离主义日益严重。民族问题正成为冷战后世界上局部和地区冲突的主要原因。民族分离主义运动之所以盛行，原因就在于少数民族不承认现有民族格局下分配权力的合法性。

斯里兰卡的民族冲突就是其中的一个案例。1948 年斯里兰卡独立后，政治上处于劣势的泰米尔族人对由僧伽罗族人主持的政府在语言、就业、教育和宗教等方面的政策不满，两民族之间的矛盾日益激化，并多次发生流血冲突。20 世纪 70 年代初，泰米尔人正式提出建立独立的“伊拉姆国”的主张，1976年18个泰米尔人政党组成“联合解放阵线”，要求在泰米尔人聚居的东部和北部地区实行自治，一些激进分子后分裂出来组成“泰米尔伊拉姆猛虎解放组织”，位于斯北部的贾夫纳半岛是其大本营。

土耳其的库尔德人也具有类似的问题。第一次世界大战后列强曾许诺给库尔德人以较大的民族权利。凯末尔革命胜利后的1924年，土耳其共和国的第一部宪法取消了包括库尔德人在内的所有少数民族的任何权利；库尔德的代表被赶出大国民议会，并遭到审判；库尔德人的学校被关闭，库尔德语被禁止使用，甚至连“库尔德”一词也不准使用，更不准承认自己是库尔德人；土耳其当局称人数较多的库尔德人为“山地土耳其人”，称库尔德斯坦为“东方省份”，把库尔德问题称为“东方问题”。

三、阶级

在马克思主义的语境中，阶级的统治必然将社会区分为统治阶级和被统治阶级。要使得被统治阶级接受统治者的治理，那么统治阶级就需要利用合法性资源。阶级从社会关系的承认中产生，并以社会关系为纽带而成为政治社会的政治主体，参与政治过程。即使阶级统治是从社会关系的承认中产生，也很难想象一个完全依靠暴力而不要依靠其他合法性资源维持的统治。奴隶主和封建地主阶级，都需要借助于神秘的宗教和天道来弥补暴力的血腥，而资本主义社会也需要学术论证和意识形态的宣传来保持其合法性。

四、执政党

在实行政党制度的国家里，政党通过制度性选举或暴力革命而执掌一国政权，成为执政党。在各个不同政体的国家，执政党实现的方式各有不同，在实行议会内阁制的民主国家，执政党是指在议会竞选中获得多数议席；实行总统制的民主国家，执政党是指在总统竞选中取得总统职位的政党；实行多党制的民主国家，内阁如果由几个政党联合组成，这几个政党就都是执政党；在一党执政的国家，单一的政党是执政党。无论是通过什么方式上台执政的，都有一个目标，就是确保政治、经济的地位，保持并增大其合法性。区别只是在于在一党制国家中，可以充分运用较长效用的合法性资源，而在短时间的执政（如更迭较快的意大利和日本内阁，其中二战以来，走马灯似的政府更迭一直是意大利政治的一大特点）则无法保持政治稳定，从而只能使用一些短期的合法性资源。

除了这四种最主要的合法性资源运用主体外，王室、宗教领袖、酋长以及各种混合型的政体出现的“执政集团”，都具有执政党的特点。20世纪中期，利比亚革命产生的总人民委员会和革命委员会、乌干达的运动制，尽管名称上不是执政党，但本质上都可以近似地看作执政党。

第三节　合法性资源的构成

关于合法性资源的类型划分，有虚划和实划两种基本的划分方法。虚划是一种抽象的思维划分方法，如将合法性资源按照领域划分为政治资源、经济资源、思想资源；按照有效性的长短可以划分为长期资源、中期资源和短期资源；按照来源可以划分为传统型、魅力型、法理型等等。而实划则可以具体到实际存在的事物上，如军功、金牌获得、战役胜利等等。不同的方法，服务于研究对象的不同。蒋丽萍在《政府的合法性及其合法性资源》[①]一文中认为，合法性资源的类型主要有以下几种：

一、意识形态

意识形态，是指系统地、自觉地反映社会经济形态和政治制度的思想体系，它构成社会意识形态中思想上层建筑的部分，表现在政治、法律、道德、哲学、艺术、宗教等形式中。一定

① 蒋丽萍：《政府的合法性及其合法性资源》，《学理论》，2014年第7期。

的社会意识形态对社会存在具有能动的反作用。这种能动作用，包含着意识形态的合法化功能，即政治系统可以借助于各种政治动员手段，来塑造与影响广大民众的价值观念，从而使他们认可现存的政治和社会秩序，并自觉自愿地服从国家政权的控制和管理。人们对政治权力的认同、信仰和价值判断，是合法性资源的最深层次因素，它是巩固执政合法性的核心因素，是人们从心理和信仰对政权的价值认同，它是对政治和经济层面认同的提升。所以历代统治者非常看重意识形态资源的获取。意识形态对于公共权威合法性的巩固来说，是一种重要的资源。正如美国著名政治学家罗伯特·A. 达尔所说："意识形态能够赋予政治权力以合法性，并把政治权力转换为政治权威，而这种政治权威不仅比赤裸裸的暴力和强制来得可靠和持久，而且还能使统治阶级用最少的政治资源进行统治。与用强制手段相比，用权威手段进行统治要经济得多。"① 因此，任何一种类型的政权都离不开意识形态及其所提供的合法性支持。

二、政治制度

政治制度是政治生活中人类政治行为的基本规则，是政治生活的健康发展所不可或缺的。在政治生活中，人们之间普遍存在着利益和矛盾冲突，这就需要制度化的规则来进行约束和引导，否则就会导致政治行为的无序，甚至引发政治秩序的混乱与动荡。一个政治系统的政治制度化水平越高，那么该政治系统被民众认可与拥护的程度也就越高，其政治合法性也就越稳固。此外，一套政治制度的正义性、参与性与民主性也是它赢得民众认可的一个重要基础。如果一套政治制度是正义的，能够实现社会的公平与正义，它就会被民众所认可；如果一套

---

① 罗伯特·A. 达尔：《现代政治分析》，译文出版社，1987 年版，第 78 页。

政治制度能够广纳民意，为民众的政治参与提供一个畅通的渠道，从而在政治当局与社会公众之间打开一个有效沟通的"话语频道"，并在制度化的体制内积极回应民众的利益诉求，那么它就会得到民众的自觉认同。而对政治制度的认同，能够转化为对政治系统的认同，从而获得合法性。总之，一套有效的政治制度是一种重要的合法性资源。

三、有效政绩

一个政党或政府在人民心中的形象，在很大程度上是通过它在社会治理尤其是经济建设中所取得的效果或成绩体现出来的，这也是政治合法性最直接的一个来源。因此政治绩效的有效性与其自身的合法性有着内在的关联，对于任何一个政治体系来说，它的合法性的建立、维护和巩固，都离不开统治有效性的支持。正如美国著名政治学家 S. M. 利普塞特指出的，如果"一再地或长时期地缺乏有效性，将危及合法制度的稳定"，而"延续几个世代，长期保持效率的政治制度可以得到合法性"①，因此，对于一个政治体系来说，保持一定的统治绩效是必要的，这是维护和巩固统治合法性的重要来源。当然，政绩的有效性与合法性之间并不是必然的呈正相关性。经济的发展是充满着不确定性的，它更多地体现为一种波动的、周期性的螺旋上升，任何政府都无法保证本国经济的永远进步，无论是有多长的发展周期，最终都要面临一定的衰退期。经济的发展对普通大众来说具有双重作用，它可以在一定时期内提升人民群众的生活水平，改变国家贫穷落后的面貌；但在一段时间以后，它

① 利普塞特著，刘钢敏、聂蓉译：《政治人——政治的社会基础》，商务印书馆，1993 年版，第 56—57 页。

又会不断提升民众追求物质需求的欲望，而且还会开发出他们对新的需求的欲望，比如对社会公平与政治权利的需求。如果经济发展的速度跟不上民众欲望增长的速度，通过政绩赢得的合法性便会逐渐丧失。在政绩成为合法性主要来源的威权国家，政绩不佳则极有可能将统治者的“在职”合法性危机引向更深层次的制度合法性危机。因此，有效政绩作为一种合法性资源带来的合法性是不稳定的，必须和其他合法性资源结合使用。

四、政治民主

在当今时代，民主已经被作为一种政治价值得到普遍承认，事实上已经成为获得政治合法性的最好资源。对于一个政府来讲，它的民主性程度如何，也直接关系到民众对它支持与认可的持久性。尤其是在社会主义国家，政治民主通过无产阶级和劳动人民政治权利的实现，确保人民在国家政治生活中的主人翁地位，最大限度地实现和协调人民的共同利益要求和利益矛盾，从而实现人民内部的团结和社会政治秩序的稳定发展，使无产阶级政治统治的合法性基础得到相应的维护与巩固。

五、个人魅力

根据马克斯·韦伯对统治类型的划分，魅力型统治的合法性是依赖于人们对具有超凡品质和独特个人魅力的领袖人物的尊敬。“关于魅力的适用是由被统治者承认决定的，这种承认是由实际的考验——原先总是由奇迹——保障的，自由的，产生于献身于默示、对英雄的崇拜和对领袖的信赖……从心理学上讲，这种‘承认’是一种产生于激情或者困顿和希望的信仰上的、纯属个人的献身精神。”[①]

韦伯甚至认为，魅力是一种创造性的革命力量，“魅力在其最高的表现中，从根本上突破规则和传统，干脆推翻所有神圣的概念。它不是让人孝敬历来就习以为常的、因此是神圣的东西，而是强制服从，还未曾存在在过的，绝对是独一无二的、因此是神圣的东西。它在这种纯经验的和无价值偏见的意义上，当然是历史的特别具有‘创造性的’革命力量”[②]。在历史上，曾出现过许多这样的领袖人物，由于他们受到人民的崇拜与尊敬而使得他们领导的政权也获得一定程度的认可与拥护。但是个人魅力作为获取合法性的一种资源是有限度的，因而也是不稳固的。因为魅力型领袖的生命是有限的，终有离去的那一天，再者领袖人物的个人魅力是不具有可再生性的，随着领袖人物的离去，作为一种合法性资源的个人魅力也就不复存在了。一般来说，个人魅力在一个新政权刚刚建立之初对于巩固其合法性有一定的作用，随着法制的完善，它会渐渐失去其合法化的功能。“倘若魅力型的统治想把自己改造为一种持久性的机构……不可避免地要开始转入章程和传统的轨道上。”[③] 因此，在一个民主与法制日趋完善的国家，要维护与巩固其政治合法性的基础，应该把侧重点放在经济建设与制度完善上面[④]。

上述划分方法只是一种机械性的、为了研究的方便而进行的学术界定，那么问题随之而来：这些合法性资源在某个时期能够被综合运用而不冲突吗？例如民主与魅力常常是冲突的；

① 马克斯·韦伯著，林荣远译：《经济与社会：上卷》，商务印书馆，1997年版，第269—270页。

② 马克斯·韦伯著，林荣远译：《经济与社会：下卷》，商务印书馆，1997年版，第452页。

③ 马克斯·韦伯著，林荣远译：《经济与社会：下卷》，商务印书馆，1997年版，第460页。

④ 蒋丽萍：《政府的合法性及其合法性资源》，《学理论》，2014年第7期。

君权神授与现代民主制度是矛盾的，而有神论与无神论都可以作为合法性资源，却难以兼容。可以说，合法性资源的运用，不仅有时间的长短之分，有主次之分，还有不同政权、政权不同的时期需要的内容差异之分。

第一，不同社会阶段的发展其合法性资源的效用不相同。例如在中世纪，封建迷信在合法性中占有非常重要的地位。中国古代二十五史的帝王在出生时往往被附加上“神迹”。但是随着现代科学技术的发展，封建迷信的效用到资本主义社会就明显下降到次要，甚至微不足道的地位。尽管一些宗教的手段带有迷信的色彩，但宗教和迷信是不可以混同的。

第二，一个执政集团的初期合法性资源和中后期合法性资源差异较大。在一个王朝、政党的建政初期，其合法性主要体现为对前代的控诉，这一时期领袖魅力往往在合法性中占据非常核心的位置。例如利比亚的卡扎菲个人崇拜，苏联时期对列宁和斯大林的崇拜等等。但是在一个执政集团执政的中后期，由于个人魅力的褪色，治理功勋越来越居于重要的地位。在这个转变的过程中，领袖集团主动的变化至关重要。例如美国总统华盛顿在舆论要求其加冕的呼吁中选择了两届任满不再担任总统。

第三，取得权力和维持权力使用的合法性资源大为不同。在经济类型合法性资源的使用上，当一个政党试图取得执政地位，分配性要素与口号往往占据了很重要的地位，例如打土豪分田地。但是在维持权力的长久性方面，生产性的要素越来越体现出重要性，如发展生产。但是这并非是绝对不变的规律。在民主选举下，有的政党获得执政地位的合法性资源是刺激和发展生产。

第四，在相当多的情况下，合法性资源的运用和评价可能是多维的，并不存在绝对的标准。例如在一些国家里，宗教与权力相结合，提高了合法性，但并不有利于促进社会进步。在另外一些国家里，宗教与权力各归其位，合法性也没有受到损害，但是有效提高了社会进步。也就是说，是否采用一种合法性资源，与该执政集团“合法性资源篮子”里的可选项目的多少、优劣有着密切的关系。一旦一个政治集团被某种合法性资源绑架，那就非常危险。

第五，合法性资源的运用并不是非此即彼的关系，但是也并不是一个自由充分的主观行为。在很多国家里，统治者洞悉该资源将能够带来极大的合法性，但却限于利益集团的制衡和本身利益的取舍无法采取。也就是说，合法性资源的运用与切换并不是可以自由交替的主观行为，往往是主客观因素综合制衡、妥协的结果。

第四节　生命周期理论的内涵

“合法性生命周期”和“合法性资源的生命周期”是两个并不等同的概念。“合法性生命周期”基本上等同于一个政权兴衰周期，或一个政党的执政兴衰起伏，其主体是政权、政党或执政集团，它的执政兴衰就是“合法性生命周期”。但是“合法性资源的生命周期”则意味着政权、政党或执政集团依靠的资源有多种多样，它们的有效性，即对政权、政党和执政集团的功用在不同时期、不同条件、不同空间是不同的。这些手段的有效性存在着一个由生而灭、由盛而衰的生命周期。而本书重点是讨论“合法性资源的生命周期”。

一、合法性生命周期理论的讨论前提

一种事物的生命周期是在自然界、社会实践活动中自然形成的，具有某种脱离人意志的客观性。合法性作为一种秩序性

的“文化”，也具有某种客观的属性，表现在：

其一，某政权的建立、成熟与衰败同合法性相比，具有一致性，但并不同步。政权建立通常表现为建立政府机构，开展政府治理和经济文化事业。但开展这些事业并不意味着合法性已建立，在通常情况下，这些事业是合法性生成的手段。

其二，合法性一旦建立，会持续较长时间。在这个层次上来说，合法性凝聚为文化，合法性持续的生命周期越长，其文化特征也越明显。历史上那些治理时间较长的朝代，都留下了自己的合法性文化。文化是物质与意识中间的中介物，它一旦形成就会长期存在并发挥作用，形成某种“客观”的属性。

其三，合法性实现形式（即合法性资源）的构成也具有客观性。合法性的工具包含有意识形态、历史传统、经济成就、民主程序等，这些内容并不全属于上层建筑，但都具有客观性。一旦形成就会与人的主观意志形成相对独立的状态。

合法性的客观属性，是我们研究合法性生命周期的起点。客观性使得合法性能够相对独立地发挥作用，尤其是合法性工具的经济成就、意识形态、历史传统、民主秩序等内容，会使得合法性被锁定在历史的记忆中。中国古代历史上的新朝代，对前朝的政治清明时代会加以肯定，就是合法性残余在起作用的表现，也会留下怀念前朝的遗老遗少。

二、合法性资源生命周期的一般解释框架

合法性资源的生命周期，是指合法性资源效用有生长、成熟、衰弱、再生和崩溃的生命周期。在这个生命周期过程中，合法性资源生命周期与政权生命时期是相伴而生的。例如在中国西汉前期，合法性的资源主要是对秦朝暴政的反抗及随之而来的与民休息。随着越来越多民众出生在西汉建朝之后，民众这个合法性的内容记忆越来越淡漠。合法性资源中“前朝暴政”

的衰弱引发了对新的合法性资源的追求，“独尊儒术”和“驱逐鞑虏”的意识形态、民族主义内容开始生成新的合法性资源，进入新的生命周期。从该过程可以看出，对某个朝代或政权而言，可以使用多个合法性资源，但这些合法性资源都有其生命周期。在某个主导的合法性资源处于衰弱的时候，政权如果能看到危机，纳入新的合法性资源，就可以开创政权新的稳定。而如果该政权固守某个传统的合法性资源，看不到该合法性资源是存在生命周期的，那么就合法性资源的流失就会不断侵蚀政权，造成政权的颠覆或执政集团地位的丧失。

合法性资源的效用遵循产生、形成到最后消亡，是一个完整过程，即合法性资源效用的运动具有完整性、联系性。

合法性资源并不依赖于合法性本身而存在，尽管合法性资源对合法性效用走向衰亡，并不意味着合法性资源本身消亡，只有某种潜在的、可以被用于合法性的资源被当政者利用为合法性的资源，它才具有生命周期。因此，合法性资源是独立的，而合法性资源的效用则是有生命周期的。在政权产生之前，某种合法性资源可能一直在国内社会和国际关系中运行，但只有被政权使用，才具有政治合法性意义，因而也才有合法性效能。一般而言，合法性的整体效能后发于政权建立，而即使政权消亡合法性仍存在局部效能。也就是说，政权的普遍合法性一定产生于政权建立之后，而仍存在于政权消亡之后。

一个政权对国家的治理要借助于合法性资源，而且一般会借助于多个合法性资源，但主体的合法性资源一般只有一种：传统型或魅力型或法理型。每个类型内部的核心资源也是不同的。例如即使是魅力型的合法性类型，也涉及到领袖死亡之后新的领袖继承和再建构的过程。即使是法理型，也会涉及到程序法理和正义法理为主体的转换问题。由于知识从论证合法性的效能最终会由于理性沉淀，习惯于该合法性资源因而逐渐熟视无睹（可能与喜新厌旧的人性有关），习惯于不满现实而忽视既有的利益，因而该资源的效能必然要经历从兴盛到衰落的过程。这一点已被苏联最后的历史所证实。

三、合法性资源生命周期的研究原则

合法性资源生命周期理论为解释某些国家的政府倒台后又奇迹般地恢复治理权，而一些国家的政府主动实行某些改革，对外在民族主义和国际主义之间轮换提供了政治学视角。合法性资源生命周期的理论中，外部干预因素的引入使得国际政治学具有了更大解释空间。

在研究合法性问题时要坚持过程原则，认识到合法性资源在一定时期内的有效性呈现兴衰周期。对政府而言，要及时更换合法性资源，进行合法性内部效能主体转换，在每种合法性资源的使用上，都不宜超过30年。现代信息化时代，这个兴衰周期还会缩短。

合法性资源在整个生命周期中，先后表现出不同的效能和价值。因此某个合法性资源的整体生命周期可以划分为不同运动阶段，即合法性资源的运动具有阶段性，根据不同的运动阶段应采用相应的运用方式。

从政权的视角来看，其治理权威的长期保持，对合法性资源的运用必然是带有“连续体”的特征，呈现“连环相扣”的形态，即不间断运用新的合法性资源——在一个合法性资源的效能衰弱后，采用新资源来补充，之后连环相继。如果以某一单个的合法性资源为视角审视，该合法性资源有着兴衰过程，但对政权而言，可以在某个合法性资源衰亡的末期，使用新的合法性资源弥补。相互交叉的合法性资源越多，说明合法性危机越严重，而原有合法性资源进入的“晚期”也越严重。在这种情况下，政权作为裁判机构、合法性危机的预警机构和合法性资源使用的中间性过渡机构，需要对合法性资源的周期及多个合法性资源构成的“连续体”进行管理、预警、历史回顾和现实研判。

外部干预对合法性周期的作用是两面的，在适度层面可以正面促进合法性资源的成熟，但过度的外部影响，又会对合法性造成伤害，使合法性资源快速衰亡。因此利用外部干预形成压力机制，促成民族主义成为合法性资源主体是双刃剑，是在悬崖边跳舞，需要慎重。

第五节　合法性资源生命周期的特点与合法性连续体

合法性资源是一种外在的客体，它本身不依赖于合法性而存在。但是在某些情况下，一些无意识的行为会客观上有助于增强合法性，如突发的灾害。但是总体而言，一旦一种外在的精神力、物质力被政权使用，那么就变成了合法性资源。合法性资源的生命周期理论是将合法性资源从最初产生、作用逐步衰减到最终失去效力的运动过程看作是一种生命现象，研究这一过程中合法性资源属性与应用主体行为之间关系的一种理论学说，是对合法性资源运动过程和规律的客观描述与抽象总结。

一、合法性资源生命周期理论的特点

合法性资源生命周期理论的核心内容可以概括为：合法性资源从其形成、作用逐步衰减到最终失去效力，是一个完整的运动过程；由于合法性资源价值形态的变化，这一完整过程可划分为若干阶段（合法性资源的整体运动过程具有阶段性特征，合法性资源运动过程的各阶段具有不同特点，引起合法性资源阶段性变化的根本原因是合法性资源价值形态的规律性变化）；

合法性资源在每一阶段因其特定的价值形态而与服务对象、应用需求和管理形式之间存在一种内在的对应关系。

（一）运动性

合法性资源是一个广义的概念，无论其内容形式和表现方式如何，都是人类社会实践活动中直接产生和使用的资源。

合法性资源运动现象如同生命现象一样，从其最初产生到最终归宿是一个完整的运动过程。合法性资源最初产生、逐步弱化，然后是由于其偶尔的作用和潜在的价值被置于使用者的次要位置，最后当合法性资源的现行价值完全丧失后，这种合法性资源可能会被作为否定性力量被否定。这一发展过程是连续的。

（二）合法性资源价值状态的变化过程具有阶段性

合法性资源的整体运动过程具有阶段性特征。从合法性资源运动形态可分为现行、半现行、非现行三个阶段；从合法性资源的身份和地位可分为官方、半官方、社会形态；从合法性资源运转流程可分为产生应用、现行利用、过渡、失效四个阶段；从合法性资源管理程序可分为合法性资源形成、使用和维护、鉴定和选择、有效性管理四个阶段。划分方法尽管不同，却共同反映出合法性资源的运动过程具有阶段性的这一事实。

合法性资源的各个阶段各有不同的特点。如合法性资源的运动形态的各个阶段的特点，现行合法性资源现行作用突出，频繁使用，全局性应用为主；半现行合法性资源现行作用减弱，利用率降低，部门性、局部性使用为主；非现行合法性资源现行作用消失，甚至走向被批判的位置。

合法性资源价值形态的规律性变化引起了合法性资源阶段性的变化。无论是将合法性资源生命周期划分为现行、半现行和非现行阶段或者是设计形成阶段、现行使用阶段、暂时封存阶段和废弃阶段，其依据都来自合法性资源的价值鉴定。一般而言，合法性资源的价值分为第一价值（又称原始价值）和第二价值（又称从属价值）。所谓第一价值，主要是针对合法性资源的形成者本身以及本身所在的价值来说，在合法性资源的执行价值中得以体现。例如马克思的理论在它那个时代逻辑严密，符合科学，那么其产生时的第一价值就非常高。所谓第二价值，则是针对使用者来说，要使用它而产生的附加价值。合法性资源生命周期各阶段的划分，正是随其本身从原始价值向从属价值过渡而自然形成的。如果合法性资源的第一价值高，那么其应用价值就高。如果第一价值一般，那么其第二价值就大打折扣。如果第一价值较差，那么第二价值也难以发挥。例如民主的第一价值高，那么执政者应用它的价值效率就很高；而纳粹主义的第一价值较差，当代执政者就唯恐避之不及。

（三）不同阶段的合法性资源与服务对象、应用范围和管理形式之间存在内在的对应关系

处在不同运动阶段的合法性资源具有不同的价值形态和作用，因此需要采取不同的管理方法。合法性资源价值形态的规律性变化还决定了合法性资源的服务对象、应用范围和管理方式。第一价值决定了合法性资源必然以形成者所在的领域为首要服务对象，当第一价值旺盛时，为满足该领域频繁利用的需求。但是伴随着第一价值逐渐递减，该领域的利用需求逐渐淡化。

各阶段合法性资源服务对象、应用范围和管理方式等方面的变化只不过是合法性资源运动不同阶段的外在表象，只有价值形态的变化才是其内在决定因素。合法性资源生命周期理论通过揭示各阶段合法性资源价值形态与服务对象、应用范围、管理方式的对应关系，找到了合法性资源的连续运动过程发生阶段性变化的根本原因，从而为合法性资源的阶段划分提供了科学依据。

二、合法性的连续体

合法性资源生命周期理论的研究主体是合法性资源，但是事实上，对于政权而言，它要运用的合法性资源组成了一个系列，构成了一个合法性资源的连续体。这个连续体是一个万花筒、拼盘，或者是链条，但是反映了单个形态的合法性资源并不具有永恒意义。

合法性连续体理论的主要内容是构建一个多维坐标体系来描述合法性的运动过程。这一多维坐标体系包括四 个坐标轴——合法性和应用者轴。其中合法性应用者是核心轴，因为它的变化带动了其他坐标轴的相应变化。合法性连续体理论通过描述合法性应用者轴上四个坐标的变化引发合法性上特定坐标的相应变化，揭示出合法性的四维运动过程。第一维度是单份合法性，此时合法性对应的形成者是某一具体的执政集团、政党或群体，反映的具体活动是某一具体的行为，表现出的价值形式为具体行为的轨迹。第二维度是合法性资源的集合，即一组合法性资源的集合，此时合法性每个资源对应的形成者是人类社会，反映的活动是包含若干行为的某一活动，表现出的价值形式为活动的指向。

合法性连续体，是“相当持久的时空延伸形式”，涵盖了四个主要问题：合法性的价值特性、合法性的事务特性、合法性的来源特性、合法性的自在特性。它们涵盖四个方面：合法性的形成，合法性的捕获，合法性资源的再组织和再解释，社会集体认知的合成。

三、生命周期与连续体

合法性连续体理论的立体思维方式是将政权、政治集团或执政党作为一个主体，从这个角度来审视合法性资源的运动过程。相对而言，合法性资源的生命周期理论则属于平面思维方式，两者相互结合，才具有实际的价值与意义。

连续体具有主观能动性，而合法性资源只具有被动的意义。对于执政集团而言，如何保持合法性的连续，具有现实的紧迫性，而合法性资源本身的变化与发展，固然在学术研究内容较为重要，但其现实重要性远不如合法性连续体自身建设与发展的重要性。比如人类食用米面，人类生命的延续和稻麦的生命延续同样的重要，但是显然人类的生命存续重要性要高于稻麦作为植物的重要性。

合法性资源从形成到废弃同样是一个完整的运动过程，而且这一过程应该纳入统一的合法性连续体管理之中。尽管合法性连续体的完整运动过程依据合法性价值形态的变化也可以分为若干阶段，但不同阶段之间没有明确的界限，处于后阶段的合法性具有向前阶段转化的可能。合法性资源在应用于合法性连续体阶段因特定的价值形态仍然具有不同的服务对象和管理方式。对合法性连续体运动过程应当进一步加强全程管理和前端控制。

资源周期与连续体本质上相互兼容。连续体为了保持自身的延续性，应当将合法性生命周期的资源和合法性连续体优势整合起来，形成一个新的体系以发挥其作用。合法性生命周期理论与合法性连续体模式的同一性表现在四个方面：一是理论研究对象同一性，二是理论建立基础同一性，三是合法性线性与多维运动的同一性，四是整体性与复杂性的同一性。可以说，合法性生命周期理论与合法性连续体理论之间的关系是互为补充的，而不是相互对立的。

合法性生命周期理论研究视角集中在资源自身，考察的是资源在应用于合法性实体的运动过程及规律，在应用环境下资源自身发生变化，并发挥作用；而合法性连续体，则将政权、执政党、执政集团的内在需求全面、协调、可持续发展凝练为一个核心的要素：连续。

第二章
合法性资源生命周期理论的若干子集

本章的内容主要是描述合法性资源生命周期理论的若干理论子集，按照合法性的线索进行理论的切分。

第一节　合法性资源的生成模型

根据合法性资源与政治权力结合的历史考察，本书借鉴管理学、工程学一些理论大致可以将合法性资源的生命周期运动轨迹，划分为七种主要的生成模型。

一、瀑布模型

1970 年温斯顿·罗伊斯（Winston Royce）提出了著名的“瀑布模型”。瀑布模型核心思想是按合法性资源的生命过程将问题化简，将有效性的实现与制度设计分开，即采用结构化的分析与设计方法将逻辑实现与物理实现分开。将政治权力运用合法性资源的生命周期划分为制定计划、需求分析、设计规则、有效测试和过程维护等五个基本活动，并且规定了它们自上而下、相互衔接的固定次序，如同瀑布流水，逐级下落。

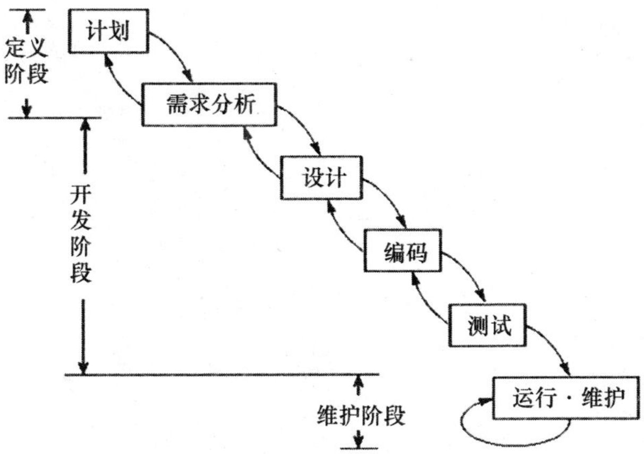

图 2—1　瀑布模型模拟图

瀑布模型的优点是为合法性的资源运动提供了按阶段划分的检查点，当前一阶段完成后，只需要去关注后续阶段。其缺点是导致短期效应，在合法性资源运动的各个阶段之间极少有反馈，只有在该资源运作的生命周期后期才能看到结果。

从现实的案例来看，瀑布模型主要是政治权力运作的短期经济刺激计划，特别是对于政治权力的任期制。由于政治权力的任期制，导致主掌权力只关注短期的实施效应，特别是大型经济计划、基础建设计划等等，都是瀑布模型的案例。瀑布模型比较日益导致大量的烂尾现象和浪费现象，使得最终结果变得不重要或者失去责任追溯的能力。

二、"V" 模型

"V" 模型大体可以划分为以下几个不同的阶段步骤：需求分析、概要设计、详细设计、经验总结、单元测试、集成测试、系统测试、验收测试。

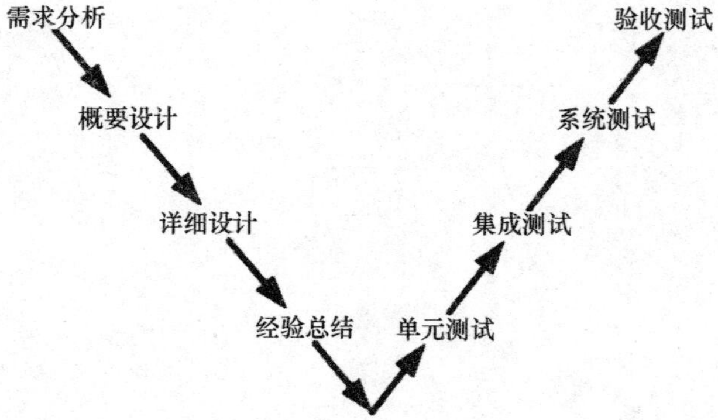

图 2—2 "V"模型模拟图

第一阶段的需求分析是首先要明确政治权力需要的是维护什么，需要合法性资源的哪一种，需要有那几项功能。第二阶段概要设计是架构的实现，指搭建架构、表述各模块功能、与现有社会关系的对接和信息传递的实现等项事务。第三阶段是详细设计，对概要设计中表述的各模块进行深入分析，对各模块组合进行分析等，这一阶段要求达到专家级别，已经把合法性资源的具体实现的功能、现象等描述出来。第四阶段是经验总结，按照详细设计好的功能报告，设计出具体的可操性细节。

之后是测试阶段。第五阶段的单元测试是按照设定好的最小测试单元进行按单元测试，主要是限制领域、限制地域和测试主体。第六阶段的集成测试是经过单元测试后，将各单元组合成完整的体系，主要测试各政治结构间组合后的功能实现情况，以及政府各个机构接口连接的成功与否，信息传递和功能操作的正确性等，其主要目的是检查权力运作单位之间的接洽是否正确。第七阶段是系统测试，经过了单元测试和集成测试以后，最后把合法性资源系统彻底搭建起来，这个过程在系统中运行是否存在漏洞等。第八阶段是效果和效果强弱的测试，在合法性资源的运用过程中不断进行效果和强弱的测试，从而确保合法性资源处于较好的状态，并及时纠正和改变。

“V”模型对于合法性资源生命周期的意义在于强调了设计的重要性，但是把测试过程作为在需求分析、系统设计及总结之后的一个阶段，导致合法性需求的满足情况一直到后期的验收测试才被验证。“V”模型较为适合中央集权系统，但又具有改革决心的政治权力系统来运作。在顶层设计完善后，不断在某个地区进行局部的测试，最后经过修正，变成全国性的合法性资源进行推广。

三、原型化模型（快速原型）

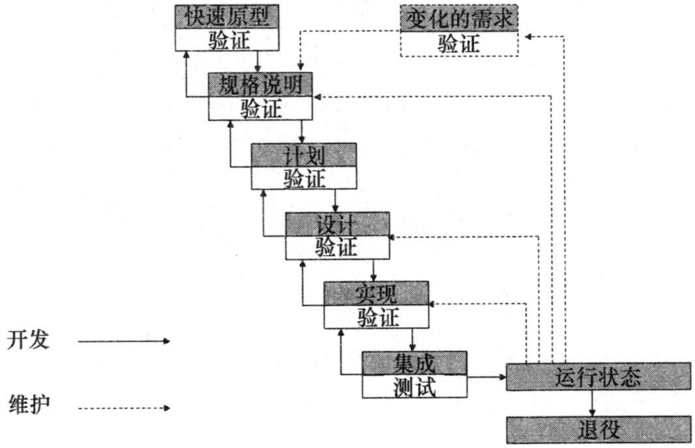

图 2—3　快速原型

原型化模型的第一步是建造一个快速原型，实现合法性资源与社会系统、民众的交互，经过和社会系统针对原型的反馈和交流，弄清需求以便真正把握合法性的效用边界。充分了解后，再在原型基础上开发出合法性资源的形态。原型化模型的应用通常结合了瀑布模型和“V”模型，来解决因为交互不明确而导致合法性资源出现严重后果的缺陷。

原型化模型较多地出现于民主较为充分的国家。在这些国家中，由于政府的合法性举措能够实时地得到社会系统，包括反对党、媒体以及域外国际的反应，因此每一步都会相应地得到反馈。

四、螺旋模型

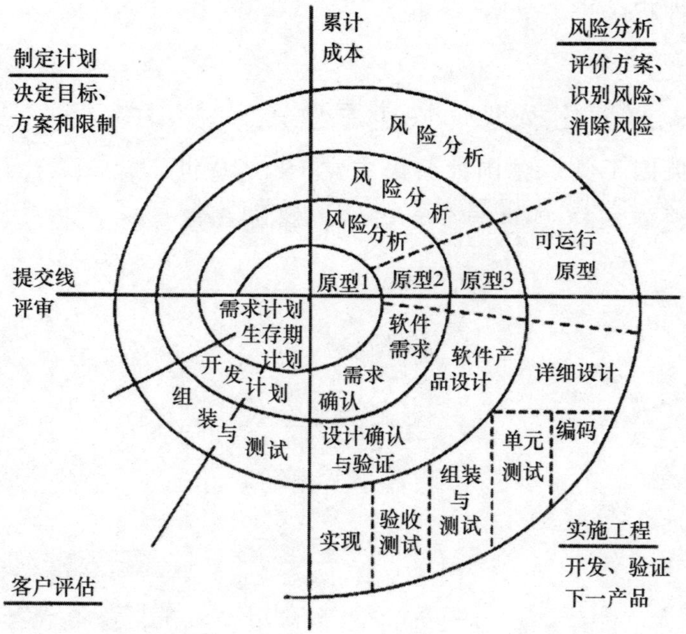

图 2—4　螺旋模型

螺旋模型在合法性资源生成合法性的过程中是一种演进式的过程模型，结合了原型开发方法的系统性和瀑布模型可控性特点。它有两个显著特点：一是采用民主循环的方式逐步加深系统定义和合法性实现的深度，降低风险；二是确定一系列阶段性目标，确保合法性生成过程中的相关利益者都支持可行的和令人满意的系统解决方案。

螺旋模型的基本思想就是，使用原型及其他方法来尽量降低剧烈社会变动的风险。理解这种模型的一个简便方法就是把它看作每个阶段之前都增加了风险分析过程的快速原型模型。

螺旋模型主要适用于社会的剧烈变动交替的大规模活动。事实上，如果一个政党对社会的改造力度越大，风险也就越大，因此进行阶段性社会风险分析的必要性也越大。这一点主要适用于一个国家内部的使命型政党，特别是主张激烈社会变革的政党。当这些政党采取逐步推进的方式、以制度内部民主轮替方式逐步实现目标时，其“目标使命”会逐渐取得合法性的地位。在英国工党、德国社会民主党19、20世纪执政的历程中可以看到螺旋式模型的特征。当然，螺旋式模型的代价较高，因为执政党很难在成为在野党之后保持原有的使命重新掌握政治权力。

五、迭代模型

迭代被定义为包括合法性资源的定期发布（稳定、可执行的合法性资源版本）的全部开发应用活动和要使用该发布必需的所有其他外围元素。所以，在某种程度上，开发迭代是一次完整地经过所有工作流程的过程（至少包括）：需求工作流程、分析设计工作流程、实施工作流程和测试工作流程。实质上，所有合法性资源的阶段（需求及其他）都可以细分为迭代。每一次的迭代都会产生一个可以发布的合法性资源，这个资源产品是最终资源产品的一个子集（迭代的思想如图2—5所示）。

迭代模型和瀑布模型最大的差别就在于合法性危机的暴露

时间上。任何合法性资源的应用都会涉及到产生的风险以及最终的资源危机。如果能在生命周期中尽早确保避免了风险，那么合法性的巩固自然会更趋精确。有许多合法性风险与危机直到已准备全面实施时才被发现。不管权力使用者经验如何，都绝不可能预知所有的政治风险。在迭代式生命周期中，政治权力需要根据主要风险的历史列表选择要在迭代中开发的新的增量内容。每次迭代完成时都会生成一个经过测试的可执行资源，这样就可以核实是否已经降低了目标风险。

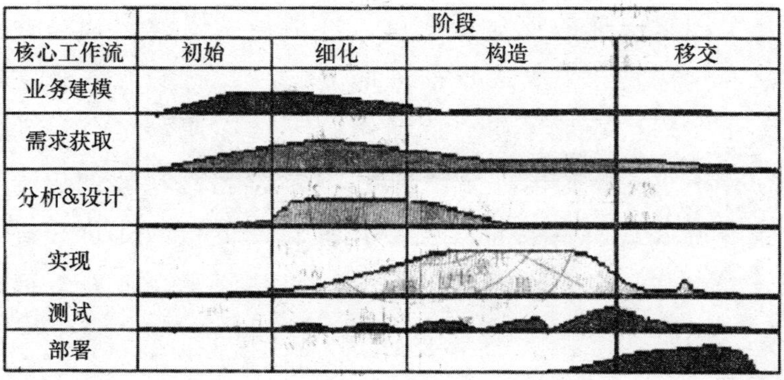

图 2—5　迭代模型

迭代模型主要应用于改良型政党在一个目标迥异的现实社会改革计划实施的策略。在 20 世纪 70 年代的古巴政治转型中，迭代模型得以应用。执政党不断实施新的社会革新计划，但从形式上看都是分阶段的，不断评估和改进。

六、增量模型

增量模型与原型化模型和其他演化方法一样，本质上是迭代的，但与原型实现不一样的是其强调每一个增量均发布一个可操作资源。早期的增量是最终资源的“可拆卸”版本，但提供了为政治权力服务的功能，并且为政治权力提供了评估的平台。增量模型的特点是引进了增量包的概念，无须等到所有需求都出来，只要某个需求的增量包出来即可进行开发。虽然某个增量包可能还需要进一步适应政治权力的需求并且更改，但只要这个增量包足够小，其影响对整个合法性资源的应用项目来说是可以承受的。

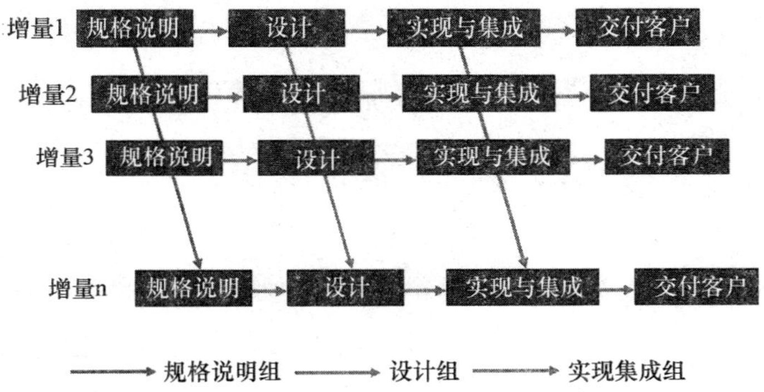

图 2—6　增量模型

增量模型的优点是由于能够在较短的时间内向政治权力提交一些有用的工作产品，因此能够解决政治权力的一些急用功能。由于每次只提交政治权力部分功能，政治权力有较充分的时间适应新的合法性资源。对合法性资源系统的可维护性是一个极大的提高，因为整个合法性资源系统是由一个个资源集成在一起的，当需求变更时只变更部分结构，而不必影响整个合法性资源系统。但是增量模型也存在缺陷，由于各个构件是逐渐并入已有体系结构中的，所以加入构件必须不破坏已构造好的系统部分，这需要该政治权力具备开放式的体系结构。这种模型不适合控制型的威权社会和皇权社会。在合法性资源的应用过程中，民众对合法性需求的变化是不可避免的。增量模型的灵活性可以使其适应这种变化的能力大大优于瀑布模型和快速原型模型，但也很容易退化为边做边变模型，从而使合法性资源的应用过程的控制失去整体性，并造成目标的扭曲或面目全非。而且如果合法性资源的增量包之间存在相交的情况且未能很好处理，各增量包之间极有可能造成冲突与矛盾。

七、喷泉模型

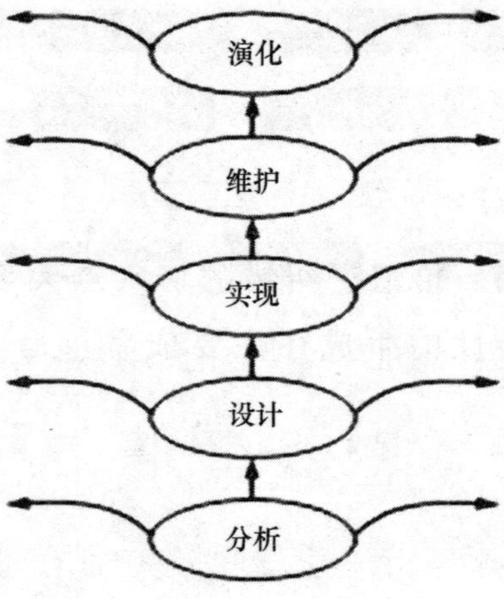

图 2—7　喷泉模型

喷泉模型是一种以民众需求为动力，以革命或激进目标为驱动的模型，主要用于描述面向民粹、民主、民族主义的合法性资源开发过程。

该模型认为合法性资源开发过程自下而上周期的各阶段是相互重叠和多次反复的，就像水喷上去又可以落下来，类似一个喷泉。各个开发阶段没有特定的次序要求，并且可以交互进行，可以在某个开发阶段中随时补充其他任何合法性资源开发阶段中的遗漏。

喷泉模型主要用于面向对象的合法性资源项目，合法性资源的某个部分通常被重复多次，相关对象在每次迭代中随之加入渐进的合法性资源成分。各活动之间无明显边界，例如设计和实现之间没有明显的边界，这也称为“喷泉模型的无间隙性”。

由于对象概念的引入，表达分析、设计及实现等活动只用对象类和关系，从而可以较容易地实现合法性资源应用活动的迭代和无间隙。

喷泉模型的优点是可以提高合法性资源应用开发效率，节省开发时间，适应于面向对象的合法性资源应用开发过程。该模型可以从任何一个开发阶段转到其他任一个开发阶段，各个阶段之间没有明显的界限。也就是，在整个合法性资源应用系统运用过程中补漏、拾遗、纠错的切入点大大增多，不受阶段的限制。这种革命性的生成往往要依靠革命性的暴力来推动、保持或扭转，由于喷泉模型在各个开发阶段是重叠的，因此在开发过程中需要大量消耗制度与人力资源，不利于政治权力的稳定与管理。

第二节　合法性资源的衰落

衰落是可以避免的，也可以尽早地察觉导致合法性资源衰落的原因和轨迹。只要政治权力没有深陷衰落的第五阶段，那么改弦更张还是来得及的。国家可能会衰落，但是也能再续辉煌。

“是故圣人不治已病，治未病，不治已乱，治未乱，此之谓也。夫病已成而后药之，乱已成而后治之，譬犹渴而穿井，斗而铸兵，不亦晚乎？”①

某国的政治权力陷入了低谷，并不意味着研究它在巅峰时期的表现就没有任何意义。但另一方面，笔者也开始越来越感兴趣：合法性的强者为什么会衰落呢？一些昔日的强大帝国为何基业难以长青呢？

一、傲慢自负的思想散漫主义

优秀的政治权力可能会变得故步自封。尽管政治权力的领导做出了糟糕的决策或是丧失了自律性，但政治权力原先积累起来的力量在短期内仍会推动它继续前进。当权力领导者变得傲慢自负，认为成功是理所当然的，而忽略了最初成功的真正动因时，衰落的第一阶段就悄然降临了。当权力成功者开始把自己的成功挂在嘴边（“我们之所以成功，是因为我们做了这些特别的事”），而不是深入发掘、洞悉成功的原因（“我们之所以能成功，是因为我们知道为什么要做特别的事，我们也知道在什么样的条件下，原来的做法并不管用”），那么衰落很有可能就会接踵而来。

二、盲目扩张的“帝国主义化”

第一阶段滋生了目空一切的傲慢情绪（“我们这么厉害，我们可以做任何事！”），会让你进入衰落模型的第二阶段。某种合法性资源的效果都有其边界。如果有这种贪得无厌的心态，就会希望该合法性资源的规模越做越大，增速越来越快，被遮蔽的批评越来越多，选择性“失明”越来越明显，得到的所谓“成功光环”也越来越炫目。处于衰落第二阶段的政治权力已经丢弃了将它们带到第一阶段成功之前的持久创造力，在无法取

① 《素问·四气调神大论》，《黄帝内经》。

得卓越成就的领域盲目扩张，抑或过分强调增速而不能确保取得领先优势，或者同时犯下两种错误。对任何成功的政治权力而言，骄傲自满和因循守旧都是成功路上的拦路虎，盲目扩张更能准确地解释世界一些崛起国家失败的原因。

历史经验反复证明，灾难性的失败的确会由干劲十足、工作勤奋、富有创意的领导集团造成的。卓越的领导者会追求治理功勋的增长、政治影响力的扩大、创造力的提升、精英队伍的壮大。历史上的克伦威尔、雅各宾派就是这样失败的。

三、漠视危机的政治冷淡主义

政治权力在衰落过程中不一定会遇到合法性资源的爆裂式坠落，最要命的是由于“狼来了”的呼声过于驳杂，以至于丧失了警惕性，形成了政治冷淡主义。这是一种必然的麻痹结果。当政治权力开始进入衰落的第三阶段后，前两个阶段积累的负面效应开始逐渐显现，周围开始亮起越来越多的红灯。领导者可能会发现忠诚度下降，社会抗议此起彼伏，国家发展速度放缓，人民参政的积极性逐渐下滑，执政优势日益丧失，或者是其他曾经优秀的指标逐渐显示出平庸化趋势，一切都表明风雨欲来，衰落进程已不容忽视。但绝大多数的失败执政者并未发现该国家的上层管理层为此忧心忡忡，更没有表现出积极调整的行动欲望。

随着政治权力在这个阶段的泥沼中迅速下陷，领导团队的精神状态开始与卓越时期的精神状态截然不同，表现出以下症状：地方官员有意向决策者隐瞒严峻的现实情况，担心决策者了解到现状后会处罚和批评自己；执政精英与政府思想家在没有提供数据、证据和有逻辑的论断前提下固执己见，形成牢不可破的既得利益；执政团队的成员默认一项思想与决议，但却没有用合力促使这项决议得以成功推行；更糟糕的是，还有人会故意搞砸、歪曲与搁置这项决议；执政集团内部的成员互相争执，竭力邀功，为了自己多分到一杯羹，而非为了执政集体的事业找到更好的对策；执政团队的成员遇到困难、错误和失败时习惯于把责任推到外部因素（特别是国外敌对势力）或者别人身上，而不是诚实地应对政治权力面临的难题。

在研究过程中发现，23家非洲执政党轮替案例中，有21个已经丧失执政地位的政党将衰落时期的责任推卸到外部敌对因素，而很少像中国古代历史那样，如《二十五史》中多数后代都把前代的失败归结为内部因素。当政治权力衰落到第四阶段时，政治权力需要寻找“救命稻草”。

四、政治权力衰落第四阶段：寻找“救命稻草”的机会主义

一个政治权力陷入衰落的第四阶段，往往开始于四处寻找灵丹妙药，导致机会主义泛滥，各种惊慌失措的合法性资源被迅速推动，然后又迅速废除。苏联解体前夕的经济改革计划就是典型的写照。这种维系合法性资源的灵丹妙药会有各种各样的表现形式，例如在某些没有经过实践验证的政策上投入过大，把希望寄托在某些不知是否可行的战略上，把赌注全都压在某个被经济学家或政治学家各种概念包装的新理论上，尝试“可能转移”的海外战争与暴力行为，下大赌注和大价格去改变政治权力的形象，聘请那些许诺能提供拯救方案的政治与经济顾问，寻找一个救世主般的政党领袖，口口声声地说着“改革”方略，到了病入膏肓的时期听任他人的政治经济改革药方拯救。问题的关键在于，这些政治权力都在忙碌地寻找复苏的某种投机的捷径，而不是循序渐进、艰苦卓绝地帮助政治权力重新积累长期复苏的动能。此时的政治权力会尝试各式各样的新方案、新动向、新战略、新愿景、新政治权力文化、新价值观、新突

破和新救世主。如果某一灵丹妙药不奏效，他们还会继续去寻找下一个。这个时期，执政集团平庸的标志并不是不愿意变革，而是持续的不稳定表现。

五、政治权力衰落第五阶段：被人遗忘或濒临灭亡的政治失败主义

研究者可能倾向于认为，一个政治权力之所以会坠入谷底，是因为政治权力的领导者做出了愚蠢至极的决定。但通过中国明代崇祯皇帝的案例我们可以发现，如果在衰落前四阶段积累起的负面效应冲击了政治权力的信心，那么即便是最英明能干的领导者也难以扭转危局。

在我们研究的政治权力里，没有哪个政治权力注定是要一头栽进衰落第五阶段的。它们都可以在日渐衰微的路上扭转颓势。不过，当政治权力在衰落的第一、第二、第三、第四阶段越陷越深的过程中，政治权力的领导者也变得垂头丧气了，最后也放弃了希望。

在本书讨论合法性资源效用衰减的原因时，民众的心理也是一种重要的度量标准。对于一个国家内部的统治政策，一种利益优惠的各个层次必须逐渐地释放，使它们改变太过放任及对与生俱来权利的毫无感觉。它的哲学基础是认为，一种体制必须从社会要求，特别是自发要求出发给予紧密、切近其下层要求的最小满足化，而不是一次性给足所有他们在实际中超前的权利，因此不是照搬，也不是预先规定，更不是按照先进、道德的理论或国际舆论、国际潮流的压力而给予受惠群体。即使要求大量地存在，因而需要给予，也不能一次性释放或大量地释放，以至于国家手里没有优惠导致群体对国家无所感恩。浪漫的庸人又在反驳说“社会主义不存在统治、人民完全享有民主自由”的胡话了。这在非共产主义、面临种种敌对势力，

而且它把一切奋斗太过统一化了，微小让步不限于一种阶级对立，而是包含了主动控制一切矛盾对立的方法。尊重人民意愿不是完全满足少数人的要求，也不是精英以这种旗号使历史有所不同。必须按照对立统一要求，如实地把它们看作是一种对立，即使不过是差异。对于民族问题，不能主动给予它的权利，而只能作为一种民族觉醒后逐渐的施与和交换。将独立的层次限定在此民族当时多数能够接受和要求，并且有独立能力行使这一权利而不是被少数人利用的层次上。在它努力争取、和平呼吸（不能让它们太容易有成就感，也不能让它们一无所获）之后，给予在实际上能达到的范围之内的谈判最微让步。越是坚持不让步，对方可讨价还价的机会越小。否则过前的民主、自主模式只能变味，再好的体制使人民主能力行使（知识、民主经验之类的自身局限性）也会比最坏的制度更差。与生俱来使优惠没有新鲜感，而且一步到位使要求者感觉得到的太容易了，不更好地珍惜，导致了得寸进尺，要价进一步增高，宠坏了它们的胃口，给予所有等于什么都没有给。自由放任不加指导、保障、约束的民主不是好的政策，不能满足人民的正义要求也只能是一种独裁。在需要独裁的国家里，在人民大多尚未加以启蒙的国度里，民主比独裁更加反动，而且它们以歪曲民主破坏了民主的声誉。不能给予那些居心不良的人以懒散、放任发展的不理不问以及专制者以理论的依据。在一个进步的国家，政府一丝不苟地加以指导，把适用、教育与微小给予毫无痕迹地结合起来。紧密哲学的精神已经在生产上得到主流理论的解释和现实实行。生产关系不能落后于生产力，而且它也不能按照预定的理论超前。再次引用列宁的“谬误可能只是对真理一小步的超越”，是的，实践的唯物主义的精神就要求度的恰当符合，实现物质与精神的紧密对接，然后促进或指导它的近期发展，在精神促进发展中不断地改革，重新调整一次或多次。

历史不相信，严格的法律会使军队在和平时期保持与战争状态相一致的战斗力。社会的享受状态会影响军队，不承认这一衰亡是极端的违心。普遍的物质、精神优惠已经使它们滋生了僵化体制时期才有的以升迁为任务的官僚化、骄傲、特殊待遇情绪。以一般的物质损耗来换取军队战斗力的保持性与穷兵黩武本质不同。绝对的和平已经不存在，竞争时代的要义就是国家利益至上，至少不伤害他国人民生命、根本利益，而是一种对历史权利追讨的潜在愿望。

因此，本书主张在合法性资源方面采取的是“微小让步”原则。微小让步原则清楚地反映了合法性资源的运用方法，它需要的条件或是一种利益驱动行为的社会状态，包括局部状态或是人类普遍的利益取向心理副产品。对一切有周期性波动的心理偏向，因此它具有社会生活与国家政治的通用性。当然，可能这一原则较为接近于改良和缓冲的思想，日益被激进的改革者所厌恶。

第三节 合法性资源客观效用的时段理论

每一种合法性资源客观上的效用周期长度是不同的。比如民族主义思潮诞生以后，其生命力就比社会主义生命力顽强。宗教的效用又远比民族主义为长。但是在当代国家中，由于民主理念成为公共知识，特别是社会观念的进化，一些合法性资源无法再继续使用。例如，在已经克服了君主制度的国家，重新使用君主制度就变得不可行。

需要说明的是，时段的长短是针对不同的主体而言的，这就是历史时段的主体“相对性”。对于一个民主选举体制下的政党而言，轮流上台是中时段的合法性需求，保持执政地位则是长时段的需求；但是对于一种社会制度或民族国家的存续而言，宪政体制、宗教、生产关系可能就构成了长时段的关系。

一、效用时段的分类

为了较好地说明合法性资源的效用，本书借鉴了法国年鉴学派的历史时段理论来说明这一问题。布罗代尔在《地中海》一书中提出了地理时间、社会时间、个体时间三个概念。后来他把这三种时间称为“长时段”“中时段”和“短时段”，而把它们各自对应的历史事物分别称为“结构”(structures)、“局势”(conjunctures)和“事件”(evenements)①。这种分类方法，比较适合解释政治发展历史中的各个不同合法性资源的效用长度。

在三种时段的概念中，地理时间变化最缓慢，个体时间变化最快，而社会时间的变化介于二者之间。这种快慢不同的变化节奏，产生了对历史进程的影响差异。

短时段。布罗代尔认为，一场战役、一次政治家的会晤、一篇重要的演说或一封关系重大的信件，诸如这些政治、军事、外交等事件在历史上只是转瞬即逝，它们是一种短时段，是一种“喧嚷一时的新闻”时间，对历史发展影响甚微。也就是说，对于政治权力而言，体育项目、战役胜利等等合法性资源的效用周期，是非常短暂的。

中时段。价格升降、人口消长、生产增减、利率波动、工资变化等问题提供了更加开阔的时间度量——中时段。中时段跨越了短时段事件而包含了更长的时间长度，它构成了短时段事件发生发展的基础。尽管这种较长周期里的历史运动一定程

① 参见F. 布罗代尔：《史学与社会科学》(Histoire et sciences sociales)，《经济、社会文化年鉴》(Annales: economies, societes, civilisations) 1958年10—12月号。转引自张芝联：《费尔南·布罗代尔的史学方法》，《历史研究》1986年第2期。

度上塑造了历史面貌，但它仍然不是决定历史发展的根本因素。也就是说，经济因素、人口因素尽管对合法性有重大影响，但并非是决定政治权力存废的最关键要素。这一点解释了为何现代一些国家即使经济面临困境但是执政党仍然能保持执政地位。

长时段。布罗代尔认为，对人类社会发展起长期的决定性作用的是长时段历史，即结构。地理结构、社会结构、经济结构和思想文化结构促进或阻碍着历史，心理构造，即精神状态，同样被视为结构。因此只有在长时段中才能把握和解释合法性资源的周期问题。即只有运用长时段内有效的合法性资源，才能使政治权力保持长时间的稳定。

布罗代尔用海洋来比喻三个时段的关系：历史的波浪挟着隆隆涛声和闪烁的浪花，在无边无际和深不可测的大海上奔腾，历史是阳光永远照射不到的其底部的沉默之海。在巨大而沉默的大海之上，高踞着在历史上造成喧哗的人们。但恰恰像大海深处那样，沉默而无边无际的历史内部的背后，才是进步的本质，真正传统的本质。而短时段历史，那种就“当前历史时刻”所写的一切不过是海面，是只要一载入书籍薄册时就冻结和凝固的表面[①]。

伊曼纽尔·沃勒斯坦（Immanuel Wallerstein）引用并发展了布罗代尔的历史学与全球化理论。沃勒斯坦认为“局势”是“结构”的一部分，并将布罗代尔的“结构”改为“历史体系”（historical system），在这个历史体系中，既有周期性规律（cyclical rhythms），又有长期的趋向（secular trends）[②]。也就是说，

① 廉敏：《费尔南·布罗代尔的时段理论》。参见程光泉主编：《全球化理论谱系》，湖南人民出版社，2002年版。

② 王正毅：《世界体系论与中国》，商务印书馆，2000年版，第12、13、51页。

“历史体系”包含了X轴和Y轴。前者表示方向，后者表示起伏。

二、长时段合法性

长时段合法性的典型案例是日本的天皇制度。中国国内关于天皇制的研究汗牛充栋。日本的天皇制之所以能够保持较长的历史周期，原因主要有两个：第一是明治维新之前的天皇长期不掌握实权，有效化解了合法性可能产生的途径。这就是说，不在合法性周期内，自然就不会有合法性危机。合法性危机主要发生在掌握实际权力的幕府身上。幕府的将军经过了数代的更替，政治权力的斗争非常激烈。明治维新之前的天皇缺乏政治权力，自然就不会聚集各种社会矛盾于一身。第二是天皇和某种神秘的天道结合在一起，构成了日本民族稳定的精神内核。在更深层意义上，这一神人关系实际上也赋予了日本天皇制政治合法性（Political Legitimacy）的意义①。明治维新后，日本仍然注重天皇的作用。为了赋予天皇制合法性，加强国家的统一，政府有意识地大量保留和借助了传统意识形态，升神道为国教，将古代神话体系理论化、说教化，并在明治宪法中规定“大日本帝国由万世一系的天皇统治之”，“天皇神圣不可侵犯”，天皇的至高无上性得以确立②。因此可以说，日本的政治权力对于天皇制作为合法性长周期的运作是非常成功的，它使得日本自统一以来就没有发生过严重的分裂活动。依靠天皇的存在，日本保持了版图上的基本统一。这一点和高度集中政治权力的中国古代皇帝是完全不同的。

---

① 任婷婷：《中国道教与日本神道教“神人关系”比较》，《日本研究》，2010年第4期。

② 陈树涵：《试析日本国民中存在盲从战争思想的原因》，《西北工业大学学报（社会科学版）》，2003年第2期。

具有同样的长周期命运的政治权力有近代的尼泊尔王国。1769年廓尔喀王普里特维·纳拉扬·沙阿统一了尼泊尔，建立了沙阿王朝。其君主崇信印度教，树立“君权神授”观念，国王是毗湿奴大神的化身，是人民至高无上的保护神。1846年，亲英的忠格·巴哈杜尔·拉纳将军发动政变，国王丧失实权，拉纳家族世袭首相。1950年，尼泊尔人民反对拉纳家族专政。国王特里布万和王储马亨德拉在印度的支持下，通过谈判恢复王权，拉纳家族的统治才宣告结束。拉纳家族保持了100多年对尼泊尔的治理，尽管在国内政治方面专横无道，但尼泊尔基本上保持了国家的统一面貌。国王专政后，掌握实权，依靠印度教维持合法性。1962年，印度教立国被正式写入尼泊尔王国宪法：尼泊尔是“印度教王国”，树立“君权神授”观念。如果不是2001年王室突发血案造成比兰德拉国王等王室成员遇害，尼泊尔王室的合法性应不会在短期内终结。

那么民主国家是否可以借鉴“神权”的方法来维系长时段合法性呢？看起来伊朗已经做出了探索。伊朗被认为是“政教合一的神权共和国”。由专家委员会终身指定的伊斯兰革命精神领袖和全民选举、任期四年的政府首脑构成了政治权力的“两架马车”。它的特点使得它颇为接近君主立宪制的功能：精神领袖负责长时段的合法性，而政府负责中时段和短时段的合法性。

伊朗精神领袖根据宪法是伊朗在宗教上及中央政治的最高领导人。伊朗精神领袖之下是民选总统和国会。伊朗形式上是总统制共和制政体，总统由全民通过直接选举的方式产生，总统是继宗教领袖后第二位国家最高领导人，由一人一票选举产生，任期四年，可连任一次。民选国会则由宪制监护委员会负责监察其决议是否合乎伊斯兰教义和宪法原则。在宗教神权统治的伊朗，即使改革派上台，只能在推动人权、稳定经济、改善外交等政策方面下功夫，绝对不会触碰伊斯兰革命建立的制度基础。有人认为，“宗教领袖霍梅尼才是伊朗的真正主宰——他凌架于三权之上实行神权统治，对国家的政治和宗教起领导作用，并有权罢免总统。总统只是宗教领神之下的国家领导人。”① 或者认为，“事实上，伊朗真正权力仍掌握在最高领袖伊朗精神领袖手上，无论保守派或改革派执政，伊朗现况都难改变。在伊朗政治构架中，伊朗精神领袖才是实际上的最高领导人，国防、外交、安全、核问题最终的拍板权掌握在他手中，而站在前台的总统，只是一个执行者而已。”② 这些观点实际上是偏颇的，尽管伊朗总统并非国家最高的权威代表，也不具有总统制国家的总统拥有的所有权，但是作为民选总统也不是精神领袖主观意志所任意存废的。事实上，“最高领袖、宪法监护委员会和确定国家利益委员会构成伊朗真正的核心权力三角，代表着保守派和务实派在利益基础上的合作”。③ 伊朗的精神领袖本质是法基赫监护制度，组成了伊朗政权基础的主要司法部分，保证了政权的稳定性。这种监护本质是强大的监察和司法功能。事实上，在长周期合法性的设计方面，我们似乎可以假定一种“司法共产主义”的存在：

“司法共产主义”是一种主张在司法领域内保持政党领导地位而退出立法、行政领域的学说。

“司法共产主义”主张政党退出行政领域，而只控制司法和军队。在司法领域内监督公有制经济是否在经济领域占据主导作用，监督一个到两个以上的执政或联合执政的政党的行政行为是否合乎社会主义理念，执行对法律操作和法律执行的监督

---

① 金宜久：《王权与教权：政治与宗教——伊朗政教关系的历史巡礼》，《世界知识》，1999 年 18 期。

② 连鹏：《伊朗风波再起 神权体制何日终结》，凤凰网，2009 年 12 月 28 日，http：//blog. ifeng. com/article/3871132. html。

③ 吴冰冰：《伊朗派系政治与伊美关系》，《中国国际战略评论》，2008 年第 1 期。

检查，监督国家的社会文化是否违背人民群众的根本利益，监督政府的外交行为是否符合民族的根本利益，掌管国家的主要发展方向。

政治学认为，一般意义上的政府往往被大众理解为行政机关，正是在这个领域内发生了管理与被管理者的剧烈冲突。大众的注意力焦点也集中于行政机关。因此，将专政的形式退居到监督、检查的领域，从而避开主动对于行政领域的干预、避免为行政机关的贪污腐败而失去政党的执政信誉，有必要在行政领域实行大民主制，对所有政府官员均实现选举制，其他政党有同等条件下上台执政的合法性。为了确保政权掌握在无产阶级政党手中，实行无产阶级政党掌管司法和军队，根据起义或革命的合法性而具有历史的延续性或世袭性。而立法、行政领域则由选举产生的议会、政府来行使。①

三、中时段合法性

中时段合法性适合解释政府的执政任期采取的政治、经济和文化政策。对于中时段而言，合法性资源的周期处于一个可被替换的角色，其对合法性周期有效性的维持长度，也远不如长时段。但是中时段的意义在于，通过连续性的中时段，可以形成叠加而成的长时段。

中时段的代表是乌干达曾经长期奉行的“运动制”。乌干达历史上曾受德国、英国殖民统治，直到 1962 年 10 月 9 日才宣布独立。乌干达独立后，由于部族矛盾难以调和，政权更迭频繁。1981 年 6 月，穆塞韦尼创建了反政府组织“全国抵抗运动”，政治组织为“全国抵抗运动委员会”。1986 年 1 月 25 日，全国抵抗军占领首都，推翻了奥凯洛军政府，29 日，穆塞韦尼

① 徐亮：《子午相扑政治》，中国文化传播出版社，2012 年版。

就任总统。“抵抗运动”夺取了全国政权后，取消了各级政府机构，全国抵委会代行议会职能，各级抵委会取代各级地方行政机构，党政合一的“运动制”在全国正式确立。

乌干达“运动制”吸引人注意的地方在于：它规定每过五年由全民公决选择政治体制。1995年9月，乌干达制宪议会通过的新宪法规定“运动制”可以存续到2000年，每五年举行一次全民公决，由全体人民选择是继续实行“运动制”还是改行多党制。2000年6月，乌干达如期举行全民公决，根据投票结果决定保留“运动制”。2005年7月，乌再次举行全民公决，92.5%的民众赞成弃“运动制”改行多党制。至此，在乌实行近20年的“运动制”退出历史舞台，原有的“运动”则转变为政党。“运动制”作为一种定期由民众决定政治体制的方法并没有得到很好的存续，但“运动制”延续了20多年在政治学中也堪称奇迹。

乌干达实行“运动制”的宗旨是建立一种“允许个人进行自由选择的民主”，“个人有充分参政的自由”，赋予基层群众以政治权利 。这是一种参与性而非对抗性民主。“运动制”有其内部辩论问题的机制，允许提反对意见。这是一种“人人都有获胜机会的制度”。需要强调的是，“运动制”同一党制不同。“运动”本身并非是一个政党，加入者不需要注册登记，因此也谈不上从“运动”中被开除出去 。这是一种向所有人开放、容纳所有人的制度。① 这种包容性使得乌干达既有表达民意的通道，也有稳定性。

当然，民主选举本身是中时段的，并不意味着所谓的“自由民主制度”本身也是中时段的。其中时段仅仅是当政党作为主体时，应用的主体的合法性周期。作为一种社会制度，由于

① 朱静芳：《乌干达的“运动制”》，《当代世界》，1998年第7期。

结构性或历史性的原因，其合法性生命固然并非福山所谓的“历史的终结”，但不可否认是长时段的。

四、短时段

长期以来，短时段在合法性资源生命周期中占有极为重要的地位。在一些国家，由于政府官员未能任满其任内政策的出台—运行—完成—评估，这种未完成的政策也可以视为短时段的合法性资源。短时段最具代表性的当属体育运动。

由于体育竞技能提高国民的爱国情怀，因此在很多国家得到政治权力的青睐。即使在奉行多党选举制度的国家，金牌数量也受到精英们的高度关注。金牌变成了国家尊严和权力合法性的代表。在关于“举国体制”的讨论中，学者认为，意识形态的合法性越来越受到市场经济的冲击，于是功绩（表现为金牌数量）成为体育合法性的重要资源。[①] 金牌带来的合法性对体育行政体制也具有着显然的影响力。例如学者认为，体育“举国体制”成为一种超稳定的权力网络结构，奥运金牌强国地位为“举国体制”存在的合法性提供了有力辩护，也为“举国体制”的组织协调和决策效率提供了有力证明，内生性改革已经无法撼动这股体制定势的固守力量。[②]

需要注意的是，体育竞技胜利的短时段效应主要体现在周期性的一个截面上。如果长期进行体育竞技并长期保持先进性，那么其影响的合法性周期将是中长时段的。

---

① 周传志：《中国竞技体育成本和代价的社会学分析》，《体育成人教育学刊》，2013 年第 3 期。

② 黄璐：《国家体育治理现代化的时代背景和广泛涵义》，《体育成人教育学刊》，2015 年第 1 期。

第三章
外部干预对合法性资源生命周期的影响

从单个角色来看，某个合法性资源在连续体不断的应用过程中，功能逐渐弱化；而连续体并非是在一个真空空间里应用合法性资源。在相当多的情况下，国家行为体是在复杂的国际环境中来处理合法性资源问题。因此，外部的影响在所难免。但是外部的影响可以简要地按照强弱区别为外部影响与外部干预。本章主要是探讨它较为极端的形式：外部干预。

第一节　外部干预问题

之所以研究外部干预对合法性生命周期的影响，是因为合法性资源的生长、衰亡是自然形成规律，它对政权兴衰的过程保持历史联系性。但外部干预成为这个生命周期中最有力的杠杆，尤其在全球化时代，这种“干预变量”的影响力日益显示出“尽管外交是内政的延续，但内政却日益国际化”的现实。

一、外部干预对合法性生命周期的影响

外部干预对合法性生命周期的影响可以是整个过程的，可以作用于合法性生成初期或合法性衰弱时。外部干预既有强弱之分，也有正反之分。外部干预的两极性体现在：在同一个时间段，既存在着使合法性衰弱的外部干预力量，也存在着促使

合法性维系的力量；在不同的时间段，一种外部干预力量可能是促进合法性生成的，也可能在另外一个时间段是导致合法性衰弱的。但无论作为主体的干预者身份与角色是否会发生转变及作为干预者数量、实力对比的差异有多大，干预的方向总是有两种：促进合法性生成和维系的；促进合法性解体和衰弱的。我们可以将之称为“正向干预”和“反向干预”。

第一，在合法性相对巩固的条件下，如果强迫推翻合法性仍然存在的政权，尽管该政权的物质基础被推翻，但延续的合法性会寻找时机重新建立政权机关。例如委内瑞拉查韦斯时期发生的政变，结果没有持续几天就被平定。

第二，在外部干预具有一定的强度，但还不足以完全推翻原有政权合法性条件下，外部干预的威胁会通过增强民族主义来强化政治秩序的合法性资源，巩固本政权的合法性。

第三，外部干预的正向干预，通常会对政权的合法性起到巩固作用。外部国家与国际组织给予的经济援助、外部承认，使得该国政府能够利用国际公共资源实现国家利益，从而客观上有助于促进生产、改善民生，加强政权的合法性。

第四，外部干预的反向干预，通常会消解政权的合法性，但在合法性包含民族主义的时候，外部干预保持在一定的水平限度内会造成民族主义情绪的反弹，增强合法性。只有外部干预达到足以推翻政权时，合法性的消弱才呈现为一种趋势。在新的合法性与旧的合法性相互较量时，外部干预起到的作用也是两面的。

二、外部干预与合法性的生成

这部分主要从历史视角来审视尼泊尔联邦民主共和国的合法性生成外部干预与合法性关系问题，从而证实本书所提及的理论观点。

（一）沙阿王朝合法性来源与印度的关系

沙阿王朝时期对国家的开拓，也曾经经历过古代的军事辉煌。但是向北方遭遇了军事政治力量强大的清朝，两国缔结了和平关系。因此古代外交政策，以和中国清朝结盟为典型特征。进入近代时期，尼泊尔内政和外交政策，因附属于英国殖民者（英属印度）而封闭保守。沙阿王朝的合法性从道统上而言，是基于沙阿王朝皇室作为尼泊尔境内印度教最高首领；而从法统上来说，则是基于沙阿王朝的历史合法性。

1. 印度教建构神权合法性

尼泊尔于1769年实现统一后，在信奉印度教的统治者的大力支持下，印度教文化在尼泊尔得到推广，并且逐渐被大多数民族和部族所接受。1971年，信奉印度教的人口比例为89.4%；1991年，信奉印度教的人口比重仍然占86.5%；到了2001年印度教的人口占80.6%，尽管有所下降，但保持在八成以上，为绝大多数人口的宗教信仰。印度教作为尼泊尔文化的主体，对尼泊尔现代社会的影响是深远和根深蒂固的，涉及社会生活的方方面面。其道德伦理也成为社会大多数人公认的行为准则和规范，其信仰更是尼泊尔社会的凝聚力量。自近代以来，尼泊尔以宪法的形式确立其作为印度教国家的地位。1962年宪法规定"尼泊尔是一个独立的、不可分割、拥有主权（第三修正案）的印度教君主国（Monarchical Hindu kingdom 第三次修正案）"。在君主立宪时期，印度教仍然昭示在宪法里，如1990年宪法明确规定"尼泊尔是一个多民族，多语种，民主，独立的，不可分割的，主权，印度教和君主立宪王国（Hindu and Constitutional Monarchical Kingdom）"。因此尼泊尔在2008年以前一直被称为世界上唯一的印度教国家。

尼泊尔王室利用印度教进行合法性的建构。自古以来，尼泊尔国王被尊为印度教大神毗湿奴的化身，因此国王在国家中拥有至高无上的神权。公元8世纪，尼泊尔国王把印度教改革家商羯罗大师请到尼泊尔，大力宣讲印度教，并排斥佛教，故使印度教有了较大的发展。此后，马拉王朝的历代国王都尊崇印度教，不断修建神庙，迎请印度的婆罗门担任神庙祭司，供奉梵天、湿婆和毗湿奴大神，使印度教在尼泊尔的影响占据了绝对主导地位。由于印度教和印度之间的特殊联系，尼泊尔的印度教神庙主持习惯上由印度人来担任，给印度人影响尼泊尔提供了一个极其便利的渠道。

2. 历史来源的合法性

沙阿王朝（Shah Dynasty，1768—2008年）由尼泊尔西北部的廓尔喀公国第十代王公普里特维·纳拉扬·沙阿（Pritthvi Narayan Shah）于1768年建立。沙阿王朝实现了大尼泊尔的第一次完全统一，奠定了现在尼泊尔的版图，是尼泊尔民族国家形成的时期。沙阿王朝在巴哈杜尔·沙阿摄政时期，尼泊尔外交呈现进攻性：向西挺进印度西北部，兵锋抵达克什米尔；向东侵占哲孟雄（今印度锡金邦）大片领土；向北入侵西藏，威胁清朝对西藏的主权。巴哈杜尔·沙阿摄政时期，尼泊尔的版图达到了顶点。可以说，沙阿王朝统治尼泊尔达240年，建立了充分的历史合法性。这个历史的合法性既来源于实现国家的统一，也来源于长期形成的政治习惯。

3. 外来干预下保障主权

1814年，英属印度总督黑斯廷斯发动廓尔喀战争，因尼泊尔势单力薄，清朝援军没有帮助而失败。尼泊尔被迫和英属印度签订了丧权辱国的《萨高利条约》，割让了包括特莱平原地区在内的大片领土给英属印度。尼泊尔军民的奋力抵抗，也迫使英国殖民者放弃了变尼泊尔为殖民地的计划。因此，尼泊尔的近代时期一直处于英国的间接影响和控制下，外部力量一方面制约了其主权独立，但又一定程度上承认和保证其相对独立的主权。因此出让部分主权给外部的干预力量，换取强国的政治合法性承认，是尼泊尔近代形成的现实政治需要。进入现代时期，尼泊尔王权的合法性，是以接受印度安排的君主立宪制作为条件的。

印度的干预是尼泊尔政府建立合法性的重要来源。拉纳家族统治时期，尼泊尔外交受到英属印度的控制，缺乏自主性。1923 年英国殖民者承认尼泊尔独立，但拉纳家族统治使尼泊尔处于与外部世界隔绝的状态。印度独立后，拉纳家族向印度示好，意图挽救岌岌可危的政权，两国签订了《和平与友好条约》（1950 年），该条约与 1923 年英尼条约相似，区别只是印度取代了英国成为签约方。印度的干涉从尼泊尔独立一直延续到 2007 年。此外，印度还成为尼泊尔民主制的保卫者。贾南德拉两次试图亲政，印度采取政治、经济多种手段进行压制，迫使贾南德拉让步。尼泊尔最终废除王权，建立共和，与印度的压力不无关系。

4. 反印民族主义

近代以来，尼泊尔的民族主义一度和反印爱国主义是划等号的。马亨德拉国王于 1955 年即位以后，于 1960 年 12 月用政变的形式取缔了所有政党，开始实行基于尼泊尔历史和传统设计的无党派评议会制度——潘查亚特体制，并写入 1962 年宪法。潘查亚特体制使亲印的大会党失去了执政地位和发挥影响力的渠道，王权得到加强，有利于减轻印度的干涉。潘查亚特体制尽管在经济上使尼泊尔沦为不发达国家，但是在外交上却取得了成功：马亨德拉国王去世时，尼印特殊关系已经不复存在。因此，在尼泊尔沙阿王朝时期，出现了一个奇特的现象：近代以来王权占据了维护国家主权的制高点。一般而言，王权与主权并不必然存在正相关关系：王权维护国王权力、尊严和荣誉；主权和王权相比始终处于第二位。君主制度在上升时期有利于维护主权，但是由于权力缺乏制约，君主制度在衰败时期，王室的丧权辱国更容易缺乏监督和制衡。但是，尼泊尔的情况与此相比较为特殊：拉纳专政结束后，沙阿王朝历代国王都注意维护自己在国家主权问题上的形象，占据了民族主义的制高点。比如，尼泊尔在近现代历史上，君主制度防止了割据，一定程度上抵御了外来侵略，维护国家领土主权的完整和统一。因此，对于沙阿王朝而言，王权维护主权的正相关关系较为明显，这是尼泊尔的历史导致的。但是随着共和制的出现和民主的发展，主权依靠王权来维护的传统必然要改变。

（二）2006—2008 年和平时期王权合法性的丧失与美印关系

学术界将 1768—2008 年称为君主制时期（the Monarchy of Nepal），这一时期尼泊尔的国名与英文称谓“Kingdom of Nepal”并不完全吻合。2006—2008 年，尼泊尔发生了一系列的变化，这些变化具有不同的意义：

表 3—1 尼泊尔 2006—2007 年重大事件及意义

时间	事件	意义
2006 年 5 月	议会宣布褫夺国王的最高权力，“尼泊尔国王陛下政府”易名为“尼泊尔政府”	政权合法性来源变化
2006 年 8 月	“尼泊尔王国”改称“尼泊尔”	国名变化
2007 年 1 月	议会颁布临时宪法，并组成临时议会，尼联共（毛）成为临时议会重要组成部分	法统变化；立法机构成分变化
2007 年 4 月	成立临时政府，尼联共（毛）参加政府	行政主体发生结构性变化
2007 年 12 月	临时议会宣布废除君主制	政体变化
2008 年 5 月	制宪会议首次会议宣布尼泊尔成为“联邦民主共和国”	国名变化，新旧更替完成

2007年是临时议会颁布临时宪法，发展到废除君主制的过渡时期。2006—2007年，国王仍然存在，但是权力已被剥夺，国名已经变化。从法统上结束“尼泊尔王国”这个名称的准确时间是2006年8月，结束君主制的时间是2007年12月，而不是2008年。2008年选举产生了“王国”法统结束后的第一届议会民主制政府。

1. 民主价值构成了反对王权的主要武器

民主价值的输入与印度密切相关。随着印度近代以来取代英国殖民者对尼泊尔的权力，印度开始对尼泊尔的内政外交发挥举足轻重的作用：一方面，印度帮助国王于20世纪中期恢复王位，真实意图是借助国王在民众中的威望维系新生的民主制和印度在尼泊尔的特殊利益；另一方面，印度支持大会党建立多党民主制，成为尼泊尔民主制的创建者。两次君主立宪制的实行都和印度的作用密不可分。尼泊尔大会党早年曾参加印度独立运动，深受印度民主制度的影响。印度长期扶植大会党势力，在尼泊尔境内和印度境内的尼泊尔移民、劳工、知识分子、学生中培养了一批具有民主意识的政治家。尼泊尔各党派相当比例的政治家，甚至包括尼共（毛）副主席巴塔拉伊都拥有在印度求学的经历。在印度和尼泊尔各民主党派长期的培养过程中，伴随着君主立宪给民主价值观传播的舞台，民主价值观随着贾南德拉国王试图亲政而发挥了合法性威力的建构作用：解构了王权，而恢复了民主的权威。

2. 王室惨案损害了神权的威望

神权是合法性的重要工具。2001年，比兰德拉国王全家遇害，让尼泊尔人民悲痛万分。当时尼泊尔官方宣布比兰德拉的死是因为王储不满父母反对他的婚姻，所以开枪射杀了全家。但很多民众不相信官方公布的结论，怀疑是贾南德拉“谋杀”

了国王一家。贾南德拉登基时，场面冷清。

而且还有一个传说印证着沙阿王朝合法性的终结。传说当年普里特维·纳拉扬在进军加德满都门户玛卡南普尔时，廓尔喀的神化身为哲人与国王偶遇，纳拉扬赠给哲人一块凝酪，哲人吃后吐出，又还给国王，国王随手甩在自己脚上，哲人因此预言，沙阿王朝虽能一统江山，其王祚却会“十世而斩”。而从普里特维到比兰德拉刚好是十代。

尽管贾南德拉从神权的角度合法性已经岌岌可危，但2006年尼泊尔议会宣布尼泊尔为世俗主义国家，使国王走下神坛，堪称对国王神权的全面剥夺，使沙阿王朝来源于神权的合法性处于丧失的境地。但尼泊尔议会在这一时期，还试图给国王以象征地位，保持其维持国家统一的作用。

3. 经济落后影响了王权的权威

沙阿王朝统治后期，尼泊尔沦为世界上最落后的国家之列（1971年被联合国评定为最不发达国家）。本来“经济不发达”可以由君主立宪制下执政的大会党来背，但贾南德拉亲政时对此毫无改观反而耗尽了王权万能主义在经济领域的威望，影响其治理国家的有效性和合法性。

第二节　外部干预的强度

外部干预的强度与合法性有着密切的关系。一般而言，干预越强，对象的合法性生成越快。但这并不存在着必然的逻辑关系。在民族主义情绪高涨的国家，干预越强，对象的合法性越受到广泛的质疑。本节以尼泊尔政治为例说明。近现代以来，印度和美国是对尼泊尔外交政策制定影响最大的两个国家。随着美、印双方对尼泊尔影响程度的变化和时局的发展，2007—2012年（后王国时期）尼泊尔政治发生了重大变革。2008年5

月，尼泊尔首届制宪会议正式宣布成立联邦民主共和国，决定废除君主政体，实行共和政体。2008—2012年第一届制宪会议期间，尼泊尔国内制宪进程迟缓，但政治合法性建构进程基本顺利。这些变革是在尼联共（毛）、尼共（联）、尼泊尔大会党等中左翼政党的主导下，联合尼泊尔国内追求变革的政治力量共同完成的，其核心问题是在共和制和左翼民族主义基础上重建合法性，同时反映大国在尼泊尔政治中影响和地位的变化。

一、美国和印度干预的差异

美国、印度干预尼泊尔重建国家体制，构建尼泊尔联邦民主共和国的方式有较大的差异。共和制作为受动者，受到美国、印度等外部干预者“施动”。但两者的干预深度、广度、层面是存在较大差异的。

从干预的领域来看，美国主要干预尼泊尔的民主政治创设及人道主义领域，是选择的干预；印度则干预尼泊尔政治经济文化的方方面面，是一个全能主义的干预者。

从美国、印度干预的方式来看，有直接干预、间接诱导和法律规制三个类型。

从美国、印度两个干预者之间的关系来看，有排斥性的独占干预和合作干预两种。在促进尼共（毛）成为构建合法性力量方面，是合作性干预，但在尼泊尔的重大核心战略利益方面，印度享有独占性的干预权力。

从美国、印度作为干预者与尼泊尔政府之间的关系来看，存在着外部干预式、平行式与合作式三种类型，这是一种从外显行为特征来划分互动类型的视角。

从尼泊尔政府对外部干预的服从意愿来看，对友好国家的认可度较高，印度和美国其次。这一点对尼泊尔本国政府及人民对历史和现实认知有着密切的联系。

二、外部干预与合法性重建

尼泊尔政治的变化，一定程度上是美国、印度影响的结果。尼泊尔于1990年实行君主立宪，直接原因是印度的经济封锁。沙阿王朝末代君主贾南德拉国王，执政期间实行君主专政，引发2006年4月尼泊尔各地的反国王示威。在美国和印度施压下，贾南德拉屈服并还政于民。2006年5月，“尼泊尔王国”改称“尼泊尔”。2008年5月，制宪会议宣布建立“尼泊尔联邦民主共和国”。沙阿王朝统治尼泊尔的合法性被制宪会议彻底废止，立宪君主制的象征——“国王”也被摒弃。尼泊尔自此废除了长达239年的王权，建立了共和制，开始了国家的政治、经济、文化转型。

（一）法理合法性构建

大国的影响为尼泊尔后王国时期外交政策调整提供了变化的外部条件，而尼泊尔王国时期的外交政策为后王国时期的外交政策提供了历史基础和精神渊源。后王国时期尼泊尔政治有三大特征：共和制的建立、左翼民族主义政党占据优势地位和内战的全面结束并开始和平重建。2008年制宪会议选举之后，在国内外形势发生急剧变化的情况下，尼泊尔从国家生存与发展利益出发，调整了1990年立宪君主制实行以来依赖印度的外交政策取向，开始全面贯彻“和平共处原则为基础”的平等、等距离、均势、共赢的外交政策理念。这些理念受到美、印等大国不同程度的影响。2007年《临时宪法》为外交政策调整奠定了法理基础，在此基础上尼泊尔的涉外文件均进行了重要的修订、增补。

（二）民族主义构建合法性

以外交政策为例，美、印等国对尼泊尔外交政策的影响，在尼泊尔对外政策中势必有所反映。后王国时期尼泊尔外交在美、印等国影响下的回应性政策及外交实践。对外政策需要区分三个层面：一是反映真实意图和目标的政策；二是公开宣布的政策；三是实际操作的政策。[①] 理论上三者是一致的，但也可能是不一致的。判断双边关系中哪些政策是操作性的政策，根本要看理性决策的制定依据和出发点，即国家利益。

（三）国际认可合法性

美国、印度等国既是不同的国家，同时这些国家也是国际环境、区域环境的组成部分。由于尼泊尔1990年以来建立的是印度式的议会内阁制，因此尼泊尔的外交决策机制主要受印度、美国的影响。但在不同的意识形态、文化的影响下，决策者个人也受到其他国家的影响。

（四）施政合法性

尽管受到美、印等大国在南亚地区博弈的影响，但是尼泊尔的外交保持了一定的自主性。尼泊尔王国时代的结束，特别是尼共（毛）在第一届政府中建立联合政府，主导内政和外交，给尼泊尔政坛带来了清新之风。第二届、第三届尼共（联）组建的政府，延续了对尼联共（毛）的外交政策。尼联共（毛）主导下成立的第四届政府，也是首届联合政府，其对外政策仍然是延续前任为主，因此可以认为，尼联共（毛）开创的外交新局面，在后王国时期是基本一致的。后王国时期的尼泊尔对外关系，在外交辞令上继承了马亨德拉时期的等距离外交政策，在外交实践角度上，表现为由亲印疏华转向了等距离政策。这一外交政策实践的变革，大大改善了尼泊尔的外部环境，使尼泊尔的外交灵活性大大加强，提升了尼联共（毛）为代表的左翼民族主义力量国内外的地位和形象。

① 范建中、周海生：《中美国家利益之比较》，《唯实》，第210期。

(五) 预期合法性

美国“重返亚太”、中国和印度作为“金砖国家”共同崛起等对后王国时期尼泊尔外交政策的发展趋势影响深远。

三、外部干预下重建政权合法性的若干视角

外部干预为重建政权提供合法性的道义资源，例如民主选举、宪政。同时，重建政权利用外来干预的军事、政治力量维持暴力机器的镇压来保障。但是外来干预在提供合法性资源的同时，也在破坏重建政权的合法性。特别是在儒教—伊斯兰文明圈，这里的文化赋予依附型政治行为以“傀儡”“卖国贼”等特殊含义的带有侮辱性的词语来表达接受外来干预的现政权。近现代勃兴的民族主义、反帝国主义又加强了外部干预和接受外部干预的不正当性。因此，在南亚、东亚的国家，外部干预下的重建政权纷纷出现“反外部干预”的看似矛盾行为。例如阿富汗政权是在美国干预下重建的，但夹在阿富汗民众日益增长的反美情绪与美国的巨额援助之间的卡尔扎伊显然不想戴着“卖国”的帽子卸任。因此，卡尔扎伊总统在任期间，对美国屡屡出言不逊。因此，在亚洲地区，外部干预的政治军事措施对重建政权合法性的正面效应是短暂的，但对重建政权的长期治理的负面效应呈现逐步增长。

外部干预的政治参与者角色。在多数接受外部干预的国家撤出干预力量之后，该国很容易陷入初期的严重混乱。这是由于外部干预者是作为重建政权的“上部”压力参与政治进程突然撤出，留下政治权力资源尚未形成合法性分配占有均势造成的。

外部干预的军事参与从“革命时期”正面效应走向“正常治理时期”的负面效应。“革命者”以自身力量推翻旧政权之后建立的新政权，由于合法性来自自身的号召力和军事力量，

因此有一个较长时期的“旱德”。如果新政权不是“革命者”独立自主建立的，那么合法性大打折扣，就要说服民众接受外来干预者的正当性，并由外来干预者提供部分道义资源。但外来干预者本身的军事行动，容易陷入“干涉别国内政”的道义困境。因此多数的外部军事干预都短暂地维持一定时期后，撤出自己的军队。美军以反恐理由进入阿富汗、伊拉克，最终都以撤军（战斗部队）来为军事行动划句号。美军以军事基地存在的军事力量，经常被作为重建政权反对派作为政治动员资源所指责、袭击、示威的对象。这一点使得重建政权不得不在政权“正常治理时期”或与外部干预者保持距离或通过批评外部干预的历史来增强自身合法性。

干预领域合法性强弱不同。在经济领域由于容易达到双赢的结果，因此经济干预受到受干预国国内阻力最小，其次是文化领域，最为敏感的领域是政治和军事。即使是试图取代现政权的“革命者”或反对派，也对军事和政治干预持谨慎态度。2013 年叙利亚化武危机中，美国威胁使用武力对付阿萨德政权，但叙利亚反对派也表示反对外国军事干涉。

干预的主体不同，被受干预国接受程度也不同。受盟友关系或传统友谊关系主导的国家间关系，盟友的干预是合法的，而且一般不会激发受干预国民众的民族主义情绪。由国际组织推动的外部干预，这类干预往往由联合国进行，代表着国际社会普遍的价值理念，容易被受干预国所接纳。

第三节　生命周期理论对利比亚危机的解释

在国际社会中，经常出现一些矛盾的现象。2011 年，西方国家干预利比亚危机，推翻了卡扎菲政权。但当 2014 年利比亚由于武装冲突导致安全局势恶化时，海湾国家以人道主义危机为由试图再次干预利比亚时，法、美等国家却表示反对。后卡扎菲时期相比卡扎菲时期的人道主义危机并不差多少，那么西方国家为什么采取双重标准呢？有观点认为西方国家对某个政权有偏好，也有的观点从民主代价来解释。这些解释都具有一定合理性，但忽略了作为政权合法性建构成本要远大于破坏性成本的事实。从政权合法性的生成到合法性的丧失、重建，合法性具有自己的生命周期。

2011 年利比亚战争结束以后，利比亚政局陷入动荡中。2014 年 8 月以来，利比亚出现了两个政府、两个议会的状态。两个政府相互对立，分别支持这两个政府的武装之间不断发生冲突。在局势动荡过程中，恐怖主义组织和暴力极端组织也趁机在利比亚迅速扩张，并多次制造恐怖袭击事件。可以说，利比亚的国家治理，面临着深刻的危机。

利比亚的国家治理状况，被西方称为“失败国家”。失败国家的一个重要特征是合法性的崩溃。政治合法性是一种统治者与被统治者的关系，从国家治理的角度来审视，体现了治理者与被治理者的关系，其核心问题是公民对政府的政治忠诚。一个政权赢得民众的支持和认可的因素很多，但是都可以归结为合法性。如果一个政府的制度缺乏合理性、领袖个人魅力丧失、政策效益降低、意识形态说服力消退，都会造成哈贝马斯所说的“合法性危机”。那么利比亚出现的“两个政府”局面正是合法性危机的重要体现。

一、利比亚重建政权合法性危机的表现

“利比亚重建政权”指的是 2011 年利比亚内战结束后以“利比亚国民代表大会”为立法议会，以临时政府为行政机构的中央政府（以下行文简称“临时政府”）。该政府源自利比亚内

战期间的“过渡委”，获得了包括美国、中国、欧盟等在内广泛的国际社会认可，被认为是卡扎菲之后利比亚在国际社会的合法代表。利比亚临时政府合法性危机的主体是该政权。哈贝马斯认为，所谓合法性问题，就是一个政治制度，一个政权的威严和权威能否得到人们信任和承认的问题。利比亚临时政府的合法性危机，有如下的几个表现：

其一，临时政府的国内合法性得不到认可，出现了两个政府并立局面。利比亚内战结束后，根据各方协商结果，国民代表大会将正式取代国民议会成为利比亚的最高权力机构。2014年6月25日，利比亚国民代表大会如期选举产生，但按程序应解散的国民议会议长以新议会在图卜鲁格召开会议“违宪”为接口，拒绝向新产生的国民代表大会移交权力。米苏拉塔民兵武装联合多支支持宗教势力的民兵武装力量发起“利比亚黎明”行动，夺取的黎波里，随后国民议会宣布复会，组建“救国政府”，公开与利比亚国民代表大会对抗。新议会“国民代表大会”由世俗势力主导，旧议会“国民大会”由宗教势力主导。两个政府彼此将支持对方的武装列为恐怖组织，双方之间的武装冲突极为严重。

其二，临时政府无法掌控全国各地的武装力量，施政权威严重受损。卡扎菲政权的倒台是“墙倒众人推”的结果，他们为反对卡扎菲临时结成联盟，但卡扎菲倒台后这种脆弱的联盟迅速解体。后卡扎菲时代的利比亚民间枪支泛滥，全国各地有民兵和各种武装分子25万人左右，民兵组织则达到1700余个。这些武装以“功臣”自居，拒绝接受整编，与绑架、暗杀、争夺地盘等活动关系密切，并不服从中央政权的管理。临时政府力图和平收编，但收效甚微，导致临时政府迟迟未能重建正规军和警察体系。2014年5月，利比亚将领哈利法·哈福特开始清除“伊斯兰教义虔诚者组织”，使利比亚地方武装发生了分化，逐渐分为世俗势力（以津坦武装为代表）和持宗教势力（以安萨尔旅为代表）两个派别。安全局势恶化还导致“伊斯兰国”等一些极端组织在利比亚开始活动，成为利比亚的重大威胁。

其三，临时政府无法恢复对首都这一象征性地区的权力。首都是临时政府合法性的象征，具有统治合法性的符号意义，但是的黎波里却不在利比亚临时政府的管理下。利比亚原定由国民代表大会取代国民议会成为利比亚的最高权力机构，但“国民代表大会”是在图卜鲁格召开的并由于“利比亚黎明”行动滞留在图卜鲁格。而法定首都的黎波里被“利比亚黎明”武装集团夺取并占据。宗教民兵武装团体“利比亚黎明”不仅控制了首都的黎波里，还控制着第三大城市米苏拉塔，严重威胁着临时政府的合法性。

其四，临时政府无法掌握经济命脉，无法以经济成就来有效塑造合法性。经济发展能够带来较大的合法性，而经济方面的困境则造成合法性的危机。利比亚富藏石油，但卡扎菲倒台后，这个昔日“中东与非洲最稳定、最富裕”之一国家的石油产量比战前减少了四分之三。不仅“伊斯兰国”组织威胁利比亚中部大型油田，地方武装的争夺也严重威胁着石油生产，一度使石油生产陷入停顿的边缘。在安全无法得到保障的情况下，利比亚国家石油公司（NOC）表达了在利比亚临时政府和“利比亚黎明”之间的中立立场。由于该公司掌控该国三分之二石油生产活动，其“不选边”的倾向导致了临时政府财税的流失。

其五，民众以及国际社会深感失望，对临时政府的执政能力深表怀疑。利比亚陷入混乱不堪的境地使得民众对政府解决问题的能力与国家的前景深感绝望。利比亚首都和第二大城市班加西的机场和海港都已经关闭，相当多城镇和部落非常迷茫，不知该支持哪边。国际社会也丧失了信心，世界主要大国以及联合国均已撤离外交人员并关闭了使馆。

二、利比亚重建政权合法性危机的性质评估

利比亚临时政府的合法性危机非常严重，被认为是“失败国家”或者“索马里化”。无论用何种语言来形容利比亚危机的深度，都意味着合法性危机已经深深地影响了利比亚国家在世界上的实力、人民的生活以及基本安全。那么，合法性危机的性质和程度如何呢？

基本性质是导向政治制度的瓦解与再次重建。一般而言，任何社会都有产生合法性危机的可能，只是发生危机的时候程度有所不同。当以下情况中的任何一种出现的时候，政治权威乃至统治的合法性都会受到挑战：反对政治共同体的构成和界限；反对共同体内的宪法性安排；反对政府做出的某项特殊政策。[①] 很显然，利比亚面临的危机属于第二种，即当政治共同体内有成员反对已有的宪法制度，要求推翻这种宪法安排。根据政治学的理论来研究，第二种情况导致的结果是政治制度的瓦解与重建。

基本过程是由魅力型向法理型权威转变。2011 年利比亚内战以前，卡扎菲维系政权合法性的途径是魅力型权威，卡扎菲自称“兄弟般的领袖”（Brother Leader）。国家的治理合法性建立于卡扎菲作为领袖“超凡的个人特质、神奇的洞见或成就，并吸引跟随者尽忠和服从”[②] 之上。由于当时合法性的权威几乎完全建立在卡扎菲一人之上，卡扎菲在战争中的死亡使管治的权威迅速瓦解。卡扎菲的魅力型政治使利比亚国家缺乏组织建

---

① 燕继荣：《政治学十五讲》，北京大学出版社，2004 年版，第 151 页。

② Alison Pargeter Libya：The Rise and Fall of Qaddaf：Yale University Press，2012.

设和现代化公民社会的建构，无法以和平的方式走向“常规化”。由于“魅力型权威会由一个理性地被建立的管治单位，或传统与科层单位结合下控制之科层组织所取代”，而如果该“法理型”权威不能借助体制的力量和平、逐步实现，那么会很快出现权力的真空，重建的政权很容易陷入新的崩溃边缘，直至其全面常规化为止。

三、利比亚重建政权合法性危机原因

利比亚陷入的“索马里风格的内部混战”使利比亚国内安全局势严重恶化，暴力和犯罪空前猖獗。的黎波里和其他主要城市成为不同派系争夺的焦点，武器走私猖獗，恐怖主义渗透日益严重，卡扎菲余部不时越境骚扰。在安全局势恶化的状况下，连美国驻利比亚大使都无法幸免。那么这些“现象”的背后，利比亚合法性危机的深层次原因是什么呢？

从国体角度看，权力、利益分配不均衡和军事割据将利比亚推向混乱深渊。利比亚的乱局根本原因是权力与利益分配不均造成的。2011 年，美国联合多国空袭利比亚，帮助反对派组织“全国过渡委员会”夺取了政权。由于卡扎菲不是国内政治斗争中丧失政权，而是被外部势力推翻的，因此战后宗教、世俗、部族等势力在卡扎菲政权倒台后矛盾激化，纷争四起。在中央，各派别争夺最高权力；在地方，各支民兵武装争夺地方权力与利益，形成武装割据。

从政体角度看，国家方向与政体之争，主要是宗教政治力量和世俗力量的矛盾迟迟无法解决。西方的政治变革，大体经历了经济发展、国族整合、实现社会公平、政治民主化进程四个阶段。对于利比亚来说，上述条件几乎一个都不具备，由于利比亚不存在支撑国家整合的条件和主体力量，因此利比亚的民主化成了混乱化。世俗势力和宗教势力对国家的发展方向和政体的取向存在着根本的矛盾。由于矛盾无法通过谈判调和，两派民兵武装以的黎波里为中心持续爆发激烈冲突，且在相当长时期内保持势均力敌的状态。

从外援角度看，是外部援助突然撤出的必然结果。2011 年美、法、英等国发动的推翻卡扎菲政权的国际干预被认为具有一定合理性。但西方国家却对后卡扎菲时代利比亚更严重的混乱和死亡熟视无睹。外部干预推翻了卡扎菲政权，却不帮助其临时政府恢复稳定。在危机前面，美、法、英等西方国家没有积极斡旋和调解，而是纷纷关闭使馆，撤离人员。一个处于不稳定状态的利比亚证实了西方国家对“政权更迭的偏好”，但是对于建设一个稳定的临时政府（rehabilitated）缺乏兴趣。[1] 西方国家的干涉不仅导致了利比亚的动荡，随后的撒手而去更为恐怖分子在该地区的滋生制造了条件。

从历史因素来看，利比亚国家认同有限。传统上，利比亚主要由西北的的黎波里塔尼亚、东部的昔兰尼加和南部的费赞三部分组成，彼此间关联性并不强。1911 年开始三个地区开始沦为意大利的殖民地，1934 年墨索里尼将三地合并，称为“利比亚”。近代以来，利比亚长期被外部势力所统治，三地联合建国不足 100 年。而且利比亚的社会结构是由部落社会直接演化而来，仅较大规模的部族就有 130 多个。国家整合在卡扎菲执政时期并未完成，既缺乏民主的历史，也缺乏现代国家认同。卡扎菲执政后期，利用部族关系，有意制造对立，使得内战后部族矛盾凸显，成为威胁国家稳定和有效治理的重要因素。

---

① Maximilian Forte（Author）. Slouching Towards Sirte：NATO’s War on Libya and Africa. Baraka Books（2012）.

另外，美国和欧洲乐于见到一个处于内乱状态下利比亚越来越依赖欧盟，从而使欧盟的战略利益最大化。可以预见的是，由于以上因素的影响，内战之后利比亚临时政府重新陷入的合法性危机，既有可能使利比亚恢复“威权”政治，也可能导致其滑向极端主义。不过短期内很难再出现强有力的政治力量恢复国家的统一局面，割据状态将在一定时期内严重威胁临时政府的合法性和利比亚民众的安全。

四、合法性资源生命周期理论的解释

合法性资源具有生命周期，外部干预的作用是双面的。合法性的生命周期理论，可以用于解释外部干预的选择性问题。在以上结论的基础上，本书尝试解释利比亚合法性危机。

由于某项合法性资源具有生命周期，因此不及时调整就会危及政权的合法性。1969 年，卡扎菲领导自由军官组织建立“大阿拉伯利比亚人民社会主义民众国”。在以威权方式实施国家治理过程中，卡扎菲运用“革命导师与领导弟兄”及“九·一”革命领导人等魅力型合法性资源治理国家。尽管执政期间利比亚经济迅速发展，但魅力型的革命领袖资源已在信息社会和民主化浪潮中逐步衰亡，而卡扎菲没能进行及时的调整，造成了 2011 年利比亚内战并导致外国干预及政权垮台。

外部干预只能促成生长和消亡，但不能越俎代庖，使自己变成合法性生成的主体。外部干预作为合法性中的国际政治变量只能作用于已有的、该国国内的合法性资源身上。当 2014 年利比亚地方武装的冲突使之再次陷入政治混乱时，西方国家无法以干预的形式生成合法性资源。原因就在于对政权来说，多个合法性资源没有及时形成“连环相扣”，使得合法性连续体断裂。

外部干预的形式无法寻找到强有力的合法性资源来对利比

亚施加影响力。对西方国家来说，利比亚已分裂并进入“失败国家”序列中，因此对某个自称为政府的成本投资都可能“沉没”。这是西方国家对后卡扎菲时代利比亚合法性危机持袖手旁观姿态的重要原因。

第四章
合法性资源的转向与合法性犯罪

尽管每个政权连续体都拥有各种合法性资源，但是在应用合法性资源的过程中，出现了两种不同的情况：一是对需要合法性资源转向的客观需求缺乏认识，导致转向失败；二是错误的转向导致转向失败。因此对于合法性连续体而言，转向固然重要，但是主客观条件表现出了更大的重要性。

第一节　合法性转向问题

合法性转向是一个非常严肃的学术和政治问题。在20世纪90年代的东南亚国家威权体制的瓦解中，这些国家的统治者也曾经尝试着变革，或者拒绝变革。最终变革或者失败，或者因为拒绝变革被丧失执政地位。这充分说明，合法性转向并不是任何一个政治权力都能做到的。

一、强大的既得利益集团阻止合法性转向

当一种合法性资源的变动牵扯了太多人的利益，那么这种变革尽管正确但无疑是自杀行为。奥尔森在《国家的兴衰》一书中指出，任何一个国家，只要有足够长时间的政治稳定，就会出现既得利益集团，而且，它们会变得越来越明白、成熟、有技巧。由于它们的技巧越来越娴熟，因而获得的利益也就越

来越持续、越多。最终慢慢导致这个国家的经济、社会、行政、法律等方面的体制、政策、组织，变成最符合既得利益集团的安排，使得该国发展的越来越被抑制，各个部门越来越僵化，最终，导致政治权力的衰落。奥尔森在阐述“分利联盟”的影响时，指出其危害有三：一是降低社会效率和总收入；二是加剧政治分歧；三是造成“制度僵化”。最为糟糕的是，既得利益集团善于将中央政府的政策扭曲为对弱势群体的一种新的剥夺，从而将理想状态的中央政策变形为对弱势群体的再次掠夺。在这种情况下，政治权力的新举措越多，下层越感到痛苦。戴伦·艾塞默鲁、詹姆斯·罗宾森在《国家为什么会失败——权力、富裕与贫困的根源》中认为，糟糕的政策很可能不是因为执政者愚笨无知，而是他们刻意图利支持其权力的特权菁英，代价是整体社会的利益。[①]

二、没有制造足够的紧迫感

合法性资源一旦形成有效性，政治权力就会形成某种路径依赖。这个时候政治权力常见的错误有两种，或者低估让人们走出舒适区的难度，或者因变革中的风险而束手无策。失去紧迫感是政治权力自我软化的失败之举。《司马法》有句名言：“天下虽安，忘战必危。”希腊古训说：“要想和平，就准备战争。”古罗马作家韦格修斯有一句经典名言：“如果你想要和平，那么就准备打仗吧！”这句话一直被西方国际关系理论界的现实主义者奉为至理名言。美国在维系国家紧迫感方面，贯彻了“没有伟大的敌人，便没有伟大的美国”的格言。其通过制造“敌人”，不停地寻找“敌人”，不停地疾呼“威胁”，不停

① 戴伦·艾塞默鲁、詹姆斯·罗宾森：《国家为什么会失败——权力、富裕与贫困的根源》，卫城出版社，2013 年版。

地渲染“危机”来形成新陈代谢。因此对于执政集团而言，成为和平主义者是可悲的。冷战结束时，查尔斯·克劳萨默说：“国家是需要敌人的。一个敌人没有了，会再找一个。”美国历史学家小阿瑟·施莱辛格认为：“美国需要一个敌国，来给外交政策带来焦点和连续性。美国在两次世界大战中以德国为敌人，在冷战中又与苏联为敌。到了一定时候，又会宣告其他潜在敌人的存在。”为了保证政治权力不被腐化，需要考察政治竞争领域和竞争因素，以应对可能出现的合法性危机，并至少要说服执政团队中一般以上的人，相信保持现状比踏入改革的未知领域更危险。

三、没有建立足够强大的思想创新系统

一个不让国民去思想的文化，不会诞生一个会思想的政治权力，同样一个不会思想的政治权力，也不会让国民去思想。美国的建国之父们似乎深知公民思想的重要性，麦迪逊曾说过这样一句话：“一个受大众喜爱的政府，离开大众化的信息或获取大众化信息的手段，只能算是一场笑剧或悲剧的开场白；或者二者兼有。知识永远统治无知。期望掌握自己命运的人民，必须用知识赋予的力量武装自己。”在合法性转型的过程中，由于新上台的执政团队缺乏团队工作经验，固守官僚本位，将指导同盟交给学者、战略规划或外国人，而非来自基层的政治部门的资深政治家。苏联的解体，很大的原因就在于对中下层官员的不信任，盲目崇信西方经济学开出的药方。

四、缺乏明确的社会变革愿景

政治权力运行到一定程度以后，往往由于国内既得利益集团的牵制，使得明明知道改革的目标，但是不能言说，而只能摇摆和模糊。这种机会主义的折衷态度，导致创建的愿景过于

复杂或模糊不清，无法为变革指出方向并获得合法性的有力支持。

面对常态化的变革，政治权力的领导集团首先应让整个执政集团就变革的至关重要性达成共识，并让民众充分了解变革可能带来的收益。政治权力的关键职责是创立一个清晰的愿景，以回答积极的变革为何至关重要，同时，还必须保证整个社会充分了解变革的活动和收益。

五、未能充分宣传和推动变革愿景

如果政治权力没有对社会变革的愿景进行足够的宣传，那么民众的冷漠会导致政治权力陷入空前的孤立状态。更糟糕的是，如果政治领导集团的行为与愿景刚好相反，那么民众就会彻底丧失对政治权力的信任。在这种情况下，即使政治权力说了真实的话，民众也会认为是谎言。对于拒绝变革的权势人物，政治权力应采取行动消除其负面影响。当然，对于威权体制，理念与具体做法出现矛盾，尽管短期并没有直接的影响，但最终结果却是崩塌式的。

为了避免最终糟糕的结局，政治权力应当利用一切可能的途径，宣传与传播新的愿景和战略，并通过执政的团队树立新的行为标杆，消除或改变不利于实现愿景的系统制度与组织结构，扫清变革路上的障碍，推动团队努力实现愿景。

六、没有及早获得阶段性胜利

如果一个长期的愿景迟迟无法实现，或者没有取得阶段性的目标，那么对于合法性的存续影响是很坏的。合法性转向取得的阶段性胜利会激发民众的支持和信心。

对于合法性转向而言，构想并实施一些效果明显的业绩改进计划，肯定并奖励对业绩改进有贡献的普通个人，将阶段性胜利延伸到普通民众，能大大提高合法性转型的成功概率。

七、过早宣告胜利

在很多国家里，政策虎头蛇尾的现象较为严重，而官员的任期制又导致政策朝令夕改。当官员实施的政策无法紧随其政治周期时，该政策就成为个人的功勋及合法性的失败。过早宣布合法性转向的胜利不仅会导致已得成果的丢失，还会使得新的机会主义以及反对派有机可乘。

因此，对政治权力而言，巩固阶段性的成果，至关重要。政治权力应从战略上规划合法性转向的任务，利用从前期胜利中获得的可信度，改变与愿景相冲突的系统、结构和政策；使用、提拔和培养可以继续执行愿景的新执政团队。当然，可以从策略上，通过新的术语转换与主题，以及新的变革推动者来深化变革进程。

八、未能将变革巩固为合法性文化

要使得变革成为合法性的依托，非常重要的结果是把变革成果制度化，并形成一种合法性的认同文化。如果没有建立起新的行为规范和共同价值观，以与变革保持一致，特别是如果未能将那些没有在个人行为中体现出新规范的人提拔到领导岗位，那么变革有得而复失的危险。

这个时候，政治权力不仅需要阐明新行为和政治权力取得的成功之间的关系，而且还要按照变革后的新方法设计领导力开发和接班人计划。

总的来说，政治权力在合法性转向的变革中还会犯下其他错误，但以上的八个错误是较为常见的。在实际政治权力运行中，就连成功的变革也充满了各种问题和意外。但是，正如政治权力需要一个相对简单的愿景来引导人们迎接变革，政治权力也需要一幅简明的变革流程图来降低错误概率。可以说，有时错误的多与少就决定了变革的成与败。

第二节　合法性犯罪理论

“合法性犯罪”是一个经济学和法学术语，意即“由原来传统的非法活动转为利用先进的生产技术发展‘合法’的犯罪企业，利用既得犯罪利益在合法的经济领域中重新投资”[①]。在这个语境下，“合法性犯罪”是一个负面词汇，正如有学者认为“在犯罪侵犯的客体和造成的危害上，以及对法益的侵害或对公共秩序的侵犯上，‘合法’的犯罪（即使有的话）与‘非法’的犯罪没有什么差异”[②]。“即使有的话”这个句子表明“合法犯罪”概念看起来总是显得名不正言不顺，因此它在法学的词汇中显得有些多余，例如有法学学者认为“构建体系之简约实用的原则，完全没有必要在犯罪对象中再分出合法的‘犯罪对象’和非法的‘行为对象’两个子项”[③]。事实上，“合法性犯罪”这个词语恰到好处地将法学与政治学贯通在一起，形成一个稳定的理论脉络，即在利比亚这种类型的市场转轨国家，有些法律上被规定的犯罪行为被政治机制的稳定性诉求“合法地”允许存在，而有一些行为则是被视为统治者和被统治者共同无法接受的“非法性犯罪”。

一、“合法性犯罪”概念辨析及其特征

“合法性犯罪”的术语和非犯罪化联系在一起。“所谓非犯

① 李锡海：《帮会文化与有组织犯罪》，《公安研究》，2006年第2期。

② 宋远升：《卧底侦查的法律冲突与抉择》，《山东警察学院学报》，2008年第4期。

③ 冯亚东：《对我国犯罪构成体系的完善性分析》，《现代法学》，2009年第4期。

罪化，就是利用合法的形式进行犯罪活动，以达到获取非法利益的目的。”① 在这里，“合法”仅仅是一种表明伪装的形式，而不是真正意义上被政治制度所允许。但将这个概念引入政治学领域，可以将“合法”的概念拓展到“合法性”层次，即某些犯罪行为尽管不被公开的法律所允许，但由于有助于统治合法性的实现和巩固，因此被实行某种有限度的许可。一些研究者以其敏感的洞察力已经意识到了这个问题。例如论者认为布莱希特“在他 1928 年所写的《三毛钱歌剧》里，匪徒、扒手、乞丐、妓女充斥着社会，而警察局长所代表的统治阶级则是这个社会一切非法与‘合法’犯罪的保护伞”②。也就是说，制度本身的压迫性和不合理性造成的“犯罪”无法通过该体制进行解决，而该制度又是大量滋生这种“合法性犯罪”的。根据对这一概念的描述，可以看出“合法性犯罪”这一术语有以下特征：

其一，“合法性犯罪”是一种“犯罪行为”。这个特点说明法律制度与公民行为的一致性，充分体现作为规则的约束性以及公民遵守的义务。需要注意的是，“合法性犯罪”在这里意味着主体的行为侵犯了法律规则，其行为不仅被法律所禁止，而且产生相应后果后应接受法律的惩罚或制裁。

其二，“合法性犯罪”是一种被“合法性”许可的有限度犯罪。也就是说，该行为尽管侵犯了法律，但由于其有助于统治阶层的合法性维持和确保治理秩序稳定性，因此被合法地允许存在。该种行为形态尽管侵蚀政府形象，导致政府大规模让利，但其可以存在，底限是不威胁该政府的治理合法性。

其三，“合法性犯罪”的对立面术语是“非法性犯罪”。这

① 朱俊强：《有组织犯罪与社会控制》，《江海学刊》，2000 年第 4 期。
② 张黎：《认识和理解布莱希特》，《戏剧》，2000 年第 2 期。

个术语表明有一些犯罪行为既威胁到公民的一般权益，也威胁到治理者的统治秩序。在这种情况下，犯罪威胁的是“国家利益”或全体国民的“整体利益”，是一个统治者和被统治者都反对的行为，这种行为包括强奸、杀人、抢劫以及偷盗等等。然而，在这些人类社会从封建社会到资本主义社会，再到社会主义社会普遍反对的行为中，无法体现出统治者的意志差异。而“合法性犯罪”提供了这样一种可能性：这是一种普遍的行为模式，统治者通过民主程序或非民主秩序制定的法律发生了立法和执行之间的异化，两者在“合法性第一”的思维中被利益诉求和利益过滤所割裂。

其四，“合法性犯罪”的背景法依然是有效力的。根据以上阐述，读者可能会这样认为，如果统治者允许这些法律不限制某些人的犯罪行为，法律就是无效的，其实这是误解。在“合法性犯罪”不受“合法性”底限的约束，反过来侵蚀“合法性”秩序时，在合法性情境中的“沉默的法律”就会被迅速激活，成为针对该行为体的惩治性措施。根据统治者对合法性威胁的判断，容易将“合法性犯罪”过渡到“非法性犯罪”的领域。

二、利比亚战争前的合法性犯罪表现

“合法性犯罪”的术语以及其理论适用于分析马克思主义语境中的“阶级国家”，但并不适用于分析社会主义国家。马克思认为“经济制度是犯罪的唯一决定因素”，由于社会主义国家已经解决了经济上的公有制和彻底的人民民主制度问题，因此这样的问题一般不再存在。本书以卡扎菲 1991—2011 年治理时段历史案例的讨论来分析合法性犯罪理论应用于利比亚某一历史时期。

选择卡扎菲时期（1988—2011 年）的理由是，由于卡扎菲时期已经成为一个历史名词，其政权在 2011 年已经被推翻，因此卡扎菲时期政策和法律的制定、实施以及效果足以形成一个较为完整的观察链条。而选择 1988 年是由于这一时期苏东开始演变，是一个世界范围内革命民族主义激情褪色的重要节点。

经济改革领域以“腐败让利”为主要特征。卡扎菲于 1988 年开始逐步推行私有化改革，实行经济转轨：（1）贸易方面，1988 年利比亚政府开始允许私人经营对外贸易和服务部门，恢复了农产品交易市场。1993 年允许批发贸易自由化。（2）货币方面，1994 年开始实行本国货币第纳尔有条件地自由兑换，允许外国投资。（3）所有制改革方面，1992 年允许私人企业经营进口业务和建立私营企业和私营银行，1993 年规定了公有制企业进行私有化的条件、程序和机制。2003 年 11 月，利比亚对 360 家国企进行股份制改革或变卖，将其中 261 家企业变为私营企业。2004 年，利比亚加速了私有化进程①。由于卡扎菲政府的官员掌握了绝对权力和政策制定权，因此改革实际上是首先让渡利益给官员，而其他的非体制参与者都会被法律所反对。例如 2006 年，利比亚政府逮捕了许多本国商人，理由是他们垄断了商业环境，破坏了“人民社会主义”的原则，但本国官员的垄断商业环境也不在“逮捕之列”。这种选择性充分体现了以经济让利（腐败方式）来巩固公务员系统，确保合法性政治的治理稳定性，而打击对官僚系统合法性存在威胁的“垄断行为”的选择性执法模式。为了推动官僚系统支持经济改革，利比亚中央政府向地方让权让利，使得地方政府及其官员为了自身的利益，主动给相关利益集团“让利”或自身承接利益形成腐败。而利比亚政府为了确保政治稳定性，倾向于对该种腐败行为选

① 刘云：《利比亚经济改革：背景、进程与效果》，《西亚非洲》，2011 年第 1 期。

择性允许或打击。

合法性犯罪高度集中于经济领域，而且形成了“私有化让利—私企受益—官员分红”的腐败链以及“私有化让利—官员亲属受益—官员成为隐形或显性企业主”的两种形态。这种现象接近苏联式“经济转轨”的形态，但差异是明显的：苏联解体了，但卡扎菲的政府在改革时期一直存在。经济改革成了卡扎菲政府官员将国有财产进行定向私有化的工具。研究者和舆论普遍认为，卡扎菲对利比亚长达20年的领导，并没有使得这个国家成为一个“人民”或“民众国”的国家。相反1991—2011年时期，利比亚是世界贪污腐败问题最为严重的国家之一，“透明国际”评估利比亚腐败指数2009年为168/182，2010年为146/178，始终处于高位。利比亚巨额石油收入“大部分被卡扎菲家族成员及其他一些政府高官收入私囊……他的子女及支持他的高官们享受着奢侈的生活”[①]。

合法性犯罪的限度是不威胁合法性。2007年全球只有利比亚和巴西、黎巴嫩三个国家没有专门的反腐败机构或类似机构，直到卡扎菲政府结束治理前夕，利比亚才设置了反腐败部门。利比亚的反腐败针对威胁“合法性”的官员，例如在2011年危机中，卡扎菲政府专门搜集了“向反对派阵营叛变的前政府官员的腐败材料”[②]，目的是指控这些官员背叛的行为是由于惧怕腐败指控。也就是说，这些腐败材料掌握在政府手中，但只用于指控那些对卡扎菲治理国家有威胁的官员。

三、危机中的“利比亚模本”与侵蚀合法性的节点

通过以上利比亚的个案分析可以看出，作为一个历史政权，

---

① 王金岩：《利比亚政治中的部落因素》，北京外国语大学博士学位论文2013年。

② 吴铭：《利比亚石油部长出逃》，《工人日报》，2011年5月19日。

卡扎菲政府实行的是“经济改革领域允许合法性犯罪，给相关利益集团‘让利’或自身承接利益形成腐败，威胁统治时以腐败材料惩治转变为非法性犯罪”过程，可以称之为“利比亚模本”。

这个模本随着卡扎菲政权倒台而似乎失去了研究的意义，但事实上卡扎菲的倒台主要原因是外国干预。如果将外国干预作为一种“变量”进行控制，回归到马克思主义“内因起决定作用”的模式中，可以认为卡扎菲的倒台主要是内因作用，外因只是辅助作用。那么在这个结构中，实际上可以根据以上材料判断：正是“合法性犯罪”已经到了足以推翻“合法性”的关节点，但统治者还对此没有清醒的认知，也没有采取相应的措施，因此造成了内部的变乱。内部力量与外部干预力量配合，成功摧毁了卡扎菲政权。本书将该节点称为“卡扎菲节点”。这个节点有两个特征：

其一，“合法性犯罪”群体力量过大，“合法性犯罪”和“非法性犯罪”轮替博弈游戏的最高仲裁者卡扎菲已经无法约束，使其官员形成了群体犯罪行为并尝试突破国家政权的合法性约束，试图形成“掌握权力”的真正合法化（例如苏联戈式改革）。卡扎菲掌握了“不听话”官员的材料，但由于外国介入而无法运用国家政权进行清理，从而形成了强大的反对集团。这些官员在后卡扎菲时代也被坚定反对派反对，原因就在于这些官员在卡扎菲时期的腐败劣迹。

其二，由于认知误差，统治者在合法性犯罪中无法判断其积累到何种程度已经接近合法性崩溃，因此无法准确意识到危险的到来。实际上，一个国家、一个社会不可能没有腐败，那么腐败这一“合法性犯罪”何时威胁到反噬自身，就需要引入

“腐败的经济逻辑分析”①。根据该逻辑进行推导，可以说“当腐败成本超过腐败经济时，社会一般要出现动乱，破坏正常秩序以打破原有的框架”②。

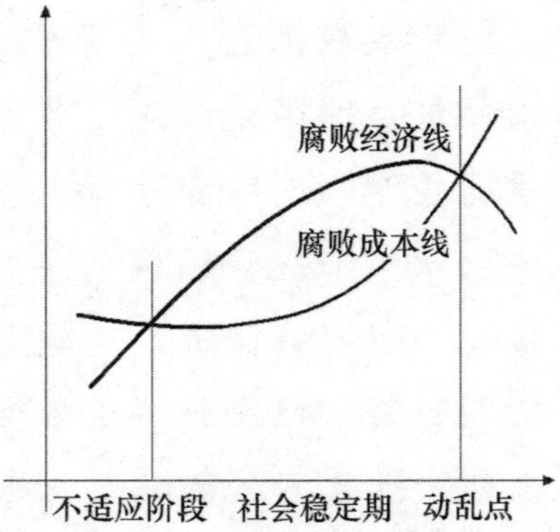

图 4—1

当然，“合法性犯罪”反噬合法性引发危机一般是多种因素影响的结果，腐败和社会成本关系难以进行量化比较，但合法性犯罪的作用无疑是一个重要原因。对于“合法性犯罪”进一步的探究和量化，是一个值得研究者进一步深入的课题。

第三节　经济合法性转向失败的案例

在一些国家，有的政党放弃了原来的暴力武装斗争，选择了和平方式进入主流政治。通过选举成功执掌政权后，试图将合法性转向别的资源，但是却没有取得相应的成功。那么从这些政党身上，我们可以看到经济合法性转向失败的某些重要经验和结论。

① 刘小兵：《腐败的经济逻辑分析》，《桂海论丛》，2001 年第 2 期。

② 《利比亚局势——都是腐败惹的祸》，http：//blogsinacomcn/s/blog_ 50c2054301 00pdhuhtml。

一、合法性转向与选举胜利

政党从反对党、在野党成为参政党、执政党，其政党政策发生了质的变化，也意味着革命的合法性走向选举的合法性。选举政治与革命政治的一个重要不同点，是革命可以为某个阶级负责，而选举政治则要为无阶级差别的全体选民负责。在选民的某派倾向占优的国家，政党可以依靠多数选票上台执政。但在一个选民的政治倾向并没有明显差异的国家，政党的政策主张越来越接近，通过选举上台的政党很难得到绝对优势的选票。例如美国共和党和民主党总统候选人得票率差距很小。但是在一个民主制度新建的国家里，选民心态的不成熟及机制的不健全，选民容易被有着清新气象的政党所吸引。

（一）关于“合法性”的资源

一个政党走向执政地位，通常有多种合法性资源可以使用，包括执行民主政治和顺应民意、宪政主义、民族主义、社会主义和历史传统的延续。经济治理的成效和国旗等国家的象征也能带来一定的合法性。

通常情况下，合法性既发生在选举中，但主要是指发生于一个国家的政党或多个政党组建政府之后的治理过程，是有助保持、增强还是削弱其合法性。执政党采取的合法性资源是处于结构性变动之中的。有的政党在革命初期，采取的是意识形态（民族主义、共产主义或资本主义）为主的合法性资源。经过革命的重塑之后则转向经济治理为主的合法性。需要特别强调的是，执政党或执政联盟对合法性资源的运用是综合性的，但核心则是一到两种合法性资源。

（二）综合利用合法性资源的影响

主流政治之外的在野党从反对派走向主流政坛，成为新执政党，客观上经历了一个将走向执政的合法性来源从暴力革命转向议会政治的过程。新执政党可以在选举中，通过各个方面的政策宣示，来体现它与传统议会政党、体制、法律的不同，最大程度扩大统一战线和选民代表性，较为容易赢得选举的胜利。

二、合法性资源在执政期间的合法性转向

一般的现象是，随着党在选举中取得优势地位，该党的领导层与党员意气风发，力图革新，使主流政治一度呈现新的气象。但是来自反对党的抵制和外部压力，使新执政党的执政处境艰难：领导人的政策无法得到顺利执行，外国势力想方设法保护原有的利益，内部逐渐由于挫折出现矛盾，内外压力促使新执政党在执政期间进一步政治转型。

（一）新执政党合法性来源转向的内涵

新执政党的合法性转向，并非表现为“此破彼立”，而是结构性的调整，即从“革命性变革”赢得的合法性走向“经济建设成效”获得合法性。新执政党合法性转向经济治理，是一个综合的系统：既包括国内的经济改革，也包括外部经济投资和援助的结构性变化。

（二）新执政党合法性转向的原因

新执政党将合法性的主要来源转向经济领域，是一个逐渐发展的过程。新执政党合法性向经济合法性的转向，符合多数国家政党从在野党或反对党走向执政地位的一般路径。其次，选举中取得的地位使得选举的需要和压力骤然减退，对各种合法性资源的需求和排序需要重构。选举压力虽然退居重大但不紧迫的地位，但仍然比紧迫而非重大的事务更具有一锤定乾坤的决定性作用。第三，新执政党在内部阶级关系改革、对外关系改革中不断碰壁的教训中，容易得出了政治和外交领域改革艰难，而经济领域相对容易的结论。实质上，经济的“增量”建设在一个一穷二白的国家虽然比动“既得利益集团”的政治

和外交“奶酪”更加容易，但是脆弱性、风险性却更大。

（三）合法性转向促使其他合法性资源进一步流失

伴随着新执政党的政治转型和对合法性来源的调整，那些曾经在选举中赋予新执政党合法性的基础逐渐流失，共同构成了损害新执政党的合法性危机。因此，新执政党将执政合法性的资源转向经济领域，试图通过经济治理获得合法性，是和其他合法性资源不断流失相互作用、相互配合进行的。其中，习惯被新执政党使用的，往往是民族主义。近现代以来，民族主义国家的执政党，利用和民族主义同源的爱国主义来塑造政党执政合法性，是一贯的做法。但是该资源极为脆弱，容易造成极大的负面后果。例如尼泊尔巴特拉伊执政期间，不但与印度签订了被民族主义者和主流政治媒体视为耻辱的投资与贸易协定，很大程度上消解了作为新执政党选举合法性基础之一的“爱国主义”。除了民族主义之外，革命民主主义、社会主义、国际主义等资源，都很容易被经济合法性资源消解。

三、经济建设合法性的困境与二次败选

在绝大多数以革命方式取得政权的社会主义国家，都会经历一个较长时期的社会主义改造时期。在这个时期，以共产党的长期执政、人民武装力量的暴力支持和人民的支持作为支撑，经济、政治的革命性政策全面塑造了整个政治与社会。20 世纪上半叶的苏联、东欧等国家，都经历了类似的过程。由于共产党执政的初期，其合法性并不主要来源于经济建设，而是来自意识形态，包括对旧政权合法性的否定和民族主义的自我肯定，使得这些社会主义国家即使在一段时间内历经经济困难，但是也能够依靠意识形态的合法性度过难关，重新进行经济探索。

（一）经济合法性资源的风险

将经济建设成就作为政党执政合法性来源，存在着较大的

风险：第一，经验不足的风险。多数“革命”成功的政党，都习惯于武装斗争，但是对经济建设都缺乏经验；或者只具有局部地区、地方一隅的经验。特别对于社会主义的探索而言，更是缺乏即成的经验。第二，长期性的风险。经济建设有其自身的规律，不是单纯依靠革命热情或者单纯行政命令就能一劳永逸解决，特别是对于经济基础还停留在“前现代”手工业时期的国家，实现经济复苏，达到内战前的一般水平尚且存在困难，何况是实现选举中的经济承诺。第三，依赖性风险。对于诞生于殖民地或半殖民地历史的国家，经济建设如果无法集中经济资源快速形成具有一定独立地位的国有企业，摆脱外资的控制，那么经济过度依赖别国都会导致经济是发展还是停滞的命脉掌握在其他国家手里。

（二）新执政党经济治理遭受的挫折

因此，一个国家的新生“常在执政党”要取得经济建设的成就，使之成为执政的主要合法性来源，要具备几个条件：第一，要有足够的时间来保证其获得经济建设经验，并有足够的时间来“试错”。正如民主在实现过程中有一段时间的“民主代价”一样，任何革命成功的政党，开展经济建设都会经历“经济建设试错的代价”。第二，要有足够的其他合法性来源作为经济建设“试错”过程中的有效补充，从而保证执政地位的存续。第三，保证一定的组织化力量来确保政令及时实施，纠错及时回归到正确轨道。以尼泊尔为例，在尼共执政的两届政府内阁时期，这些条件无一具备：多党议会制使各个政党相互制约，效率低下；政党轮流坐庄，不允许新执政党不断经济试错；新执政党放弃民族主义、民主主义和社会主义作为主要合法性来源，使这些资源不能有效填补经济建设“试错”抵消负面的影响。

归纳这些政党的规律，往往体现为：通过议会选举方式上台执政的党，由于在执政期间不断弱化选举期间使用的合法性资源，将执政合法性转向经济建设成效，使自身陷入了脆弱和高风险的不利处境。在经济建设无法取得预期成效的情况下，党无法获得来自民族主义、民主主义甚至社会主义资源的有效补充和对经济建设成效平平等负面作用的抵消功能，最终使选民丧失了对新执政党的信心，导致再次选举的惨败。

可以看出，改革中的危机，可以依靠意识形态的合法性综合运用来给“试错”和“纠错”争取时间。在第三世界国家的一些共产党短暂施政的非社会主义制度框架下，共产党要依靠经济建设来取得主要合法性源泉，是一种风险颇大的选择。由于他们并未意识到经济合法性的局限，并未意识到国家建设取得巨大成就的前提是革命和社会主义改造的措施，已经作为制度、意识形态强有力地巩固了执政党长期执政的合法性基础，因而才有了稳步前进的改革。津民盟之所以在津巴布韦独立后，一度经历执政危机，就是因为土地改革未能得到有效进行，造成了匆忙从革命合法性向经济合法性转向的失败。而后来该党将土地改革作为重要合法性来源，就取得了多次的选举胜利。

第五章
合法性资源的运用与国内和平

由于合法性的使用、转向、废弃都会触动现有的利益结构。因此，合法性资源自身被应用的过程，必然是一个和各种群体相互博弈的关系。在这种情况下，合法性危机实质上是国内和平的“杀手”，而合法性危机的解决能够给国内带来一些和平。

第一节　合法性与和平问题

我们通常所说的国际关系范畴内的和平形式，主要是作为民族国家之间非冲突状态的其中一种。但是冲突之后国家的内部和平，体现为国内政治势力之间达成某种相互遵守的协议，共同维护稳定的政治局面，并认可政府合法性。

在当代国际体系中，一个国家是否能够保持稳定的局面，一方面是国内的矛盾没有达到冲突的临界点，另一方面是国内政治、经济实力足以抵消外部势力的影响，使得外部势力无法从根本上左右该国的国内形势。在这个内外结构体中，国内政治制度、政府结构的合法性占据了核心的位置，因此合法性的视角是研究黎巴嫩和平局面是否维系的重要指标。具体说来，体现为以下几个方面：

一、合法性是国内和平的基础

哈贝马斯指出：“在不求助于合法性的情况下，没有一种政治系统能成功地保证大众的持久性忠诚，即保证其成员意志的遵从。”① 阿尔蒙德也认为：“如果合法性下降，即使可以通过强制手段迫使许多人服从，政府的作为也会受到障碍：如果人们就哪一个政权具有合法性的问题发生争论，其结果往往是导致内战或革命。”② 正是由于合法性资源对于政治体系的长治久安具有如此重要的意义，因此，每一个政治体系都致力于追求合法性。

当然，追求合法性并不意味着非和平状态的彻底结束，而是能够确保统治延续下去，整体秩序具有可控性，国家与社会的基本面能够保持和平。如果一个国家内部的不同政党、利益集团和群体对政权的合法性产生怀疑、意见分歧，往往会导致内战或者革命。合法性相关联的“国家认同意识”发生危机，随之而来的是分裂主义运动。因此，可以说，一个国家政治不稳定进而陷入内战或革命的主要原因之一是人们对政权合法性问题发生争论。世界历史上，美国内战就是蓄奴州对联邦合法性不承认进而引发的冲突状态。

二、合法性危机是外国干涉（外部关系的非和平状态）的重要依据

国际法是处理和协调国家与国家之间关系的法律、条约和惯例，但是由于人道主义危机等干涉主义理论的存在和实践，一个主权国家内部的、不同党派、团体和武装力量之间产生的内战以及相关后果，会引发国际干预。国际干预力图重建新的合法性，但不同的国际干预主体有着不同的目的，因此合法性

① 哈贝马斯：《交往与社会进化》，重庆出版社，1993 年版，第 186 页。

② A. Almond & S. Verba, *The Civil Culture: Political Attitudes and Democracy in Five Nations*, *Princeton* (Princeton: Princeton University Press. 1963). pp. 66 – 167.

目标存在冲突，引起争夺和博弈，反而加剧了合法性危机。

三、重建和平的前提条件是重建政治体系的合法性

无论是延续传统的政治体系，或者重新建立一套政治体系，冲突结束后的和平，需要新的合法性维系。新的合法性系统再次确认中央政府享有唯一的主权。如果在一个旧的政治秩序瓦解后，各个政治势力、民族集团等国内政治主体无法就新政治体系的合法性达成一致，那么短暂的和平（体现为讨价还价与谈判僵局）会很快被内战打断。

冲突之后的和平延续，取决于重建的政治体系是否解决了原有的合法性危机，并建立了弹性的合法性危机处理机制。新的政治体系之所以被称为“新”，主要是它是政治协商的结果，是在原有政治秩序无法处理危机的情况下的替代方案。替代方案本身是对原有政治制度的超越。

因此，现存政权或政治体系的维持合法性，是保持该国和平稳定的基石。反过来说，原有合法性危机解决的程度、国际干预对合法性的认可、新建立的政治体系是否具有解决合法性危机的弹性，是判断一个国家政局是否保持长期稳定的重要指标。

第二节　基于合法性危机理论框架的维系黎巴嫩和平局面前景分析

叙利亚危机从2011年1月爆发至今，大量叙利亚难民涌入黎巴嫩，亲叙派别和反叙派别在黎巴嫩发生了局部的冲突，尽管没有酿成全局性危机，但是给脆弱的黎巴嫩和平埋下了隐患，引发了黎巴嫩和平能维持多久的国际性关注。由于内战之后的黎巴嫩一直受到各种内外因素的影响，和平的局面有被打破的

可能，叙利亚危机是否会成为黎巴嫩和平结束的起点，成为研究者关注的问题。多数研究者根据叙利亚危机的现状来探寻叙利亚危机是否会通过传导机制影响黎巴嫩。本书认为，传统观点中“外因通过内因起作用，内因起决定作用”的理论仍然具有解释力。这个内因既有经济稳定性及发展，也有政治上秩序、法律和民主机制的有效性，也包括文化上的认同，这些内容都可以集中和明确为“合法性”。“合法性”作为一种统治理论，其对立面是“合法性危机”。很显然，解决了合法性危机，政治秩序的合法性就获得了保障，因而也具备了保持长期国内和平的基本条件。本书根据合法性危机理论作为分析框架，探寻黎巴嫩和平局面的前景。

一、黎巴嫩政局与原有合法性危机解决的程度

从1975年起，黎巴嫩国内教派矛盾与冲突，在外国势力的干预下演变成持续15年的内战，把国家引向经济崩溃的边缘。20世纪90年代黎巴嫩冲突结束，迄今已维系了20多年的基本和平局面。进入21世纪第二个十年，叙利亚内战久拖不决，并有向黎巴嫩渗透的趋势，引起了研究者的关注。问题随之而来，叙利亚危机的影响、“IS”组织的渗透和叙利亚难民的涌入，黎巴嫩是否还能保持和平局面?

要讨论来之不易的黎巴嫩和平能维持多久，首先要解决的问题是，黎巴嫩和平的威胁因素是否消除。其次的问题是，黎巴嫩政府的合法性能否得到维持。这两个问题其实是一个问题：黎巴嫩爆发冲突之前的合法性危机能否得以解决。因此就需要使用合法性与和平关系的指标。在讨论这一系列问题之前，需要考虑的首要因素是，造成黎巴嫩原有政治体系合法性的因素是否还呈现强有力的影响状态，还是已经处于被遏制的状态。

（一）教派政治得以改革

1943年黎巴嫩独立时，各教派之间签署的《国民公约》规定按照当时各教派人口比例分配权力，规定总统由基督教马龙派教徒担任，总理由逊尼派穆斯林担任，议长由什叶派穆斯林担任，议会席位按照三大派别的人口比率分配。但是自20世纪60年代起，穆斯林出生率猛增，逐渐居全国多数，并对基督教派继续掌握军政大权日益不满，一部分穆斯林要求修改《国民公约》，要求重新分配国家权力，增加穆斯林的权力。而基督教派统治集团为维护既得利益，不肯做出让步，两派之间的矛盾日益加剧。在黎巴嫩有大量的穆斯林以及许多泛阿拉伯主义分子和左翼派别，这些人反对亲西方政府。以色列的建国以及大约10万名巴勒斯坦难民涌入黎巴嫩使得黎巴嫩国内的政治平衡被打破，穆斯林群体的力量得到加强。可以说，当时的学者已经感觉到黎巴嫩的内战风雨欲来，只差一个引爆点①。冷战对黎巴嫩产生了巨大的分裂性影响。经过血腥内战之后，1989年10月22日，黎巴嫩基督教派议员和穆斯林派在沙特的塔伊夫达成黎民族和解的最后妥协文件。《塔伊夫协议》规定，黎巴嫩将对1943年起实行的黎教派政治制度进行改革，以便重新建立有利于穆斯林的权力平衡。文件要求将黎议会议员的席位从原来的99个增至108个，基督教和穆斯林的席位对等。在黎巴嫩的历史上，这是第一次基督教和穆斯林的席位对等。

（二）基督教和穆斯林的极端势力得以削弱，温和派占据主导

黎巴嫩内战时期，基督教派得到黎巴嫩军队支持，伊斯兰教派则得到巴勒斯坦游击队的支持。因此，这两股力量的走向

① Heiberg，Marianne，"Lebanon and Premonitions of Battles to Come"，Journal of Peace Research，(1983)：20.

颇为重要。

首先被削弱的是巴勒斯坦游击队。黎巴嫩独立后，接收了40多万巴勒斯坦难民；1970年9月约旦当局镇压巴勒斯坦游击队的事件发生后，巴勒斯坦解放组织游击队主力1万余人从约旦转移到黎巴嫩境内，并在黎巴嫩南部建立营地，不断对以色列进行袭击，因而黎巴嫩经常遭到以色列的报复；巴勒斯坦游击队还支持伊斯兰教派的斗争。这些都引起基督教派统治当局的强烈不满。黎巴嫩内战正是由于1975年4月，巴勒斯坦游击队枪击基督教教堂，引发基督教长枪党报复而引发的。1982年6月，以色列出动军队6万余人，发动第五次中东战争，大举入侵黎巴嫩，迫使巴勒斯坦武装力量1.2万人撤出贝鲁特，分散到8个阿拉伯国家。1982年9月16—18日，长枪党进入贝鲁特西区的萨布拉和夏蒂拉难民营，制造了贝鲁特大屠杀。经过打击，影响黎巴嫩安全与稳定的巴勒斯坦游击队组织被严重削弱，大量注册难民也迁移到其他地区①，基本上丧失了对黎巴嫩政局的影响能力。黎巴嫩内战开始初期，主要是穆斯林左派对黎巴嫩的政治体系提出反对意见，他们认为，政权的合法性在于体现占人口多数的集团的利益。这表明民粹主义在本质上对劳动阶层的态度是矛盾和无奈的，它既确信纯粹的人数可赋予人民民主和统治合法性，同时又看到了动员人民的困难和被动员起来的人民的不可操作性。另外，西方特别是美国的民主体制也提供了要求变化的依据，例如美国《联邦宪法》第一条第二款规定，“众议院议员人数及直接税税额应按照合众国所辖各州人口之多寡分配于各州”，确定了人数的原则并具有灵活性。

其次被削弱的是黎巴嫩的原有军队。《塔伊夫协议》要求叙

① David Horovitz and Amir Mizroch, “The world according to Lieber-man”, The Jerusalem Post, April28, 2009.

利亚军队在两年内协助黎巴嫩正规军恢复主权，在选出总统、建立和解政府、实行政治改革后从贝鲁特及其周围地区撤到黎东部贝卡谷地，然后再同黎新政府谈判全部撤军问题。由于没有明确规定叙利亚撤军的具体时间，《塔伊夫协议》一直遭到黎基督教领导人奥恩的抵制。但该协议得到绝大多数黎巴嫩人和国际社会的支持，被认为是当时形势下“唯一可以为各方接受的现实方案”。在这种情况下，1990 年 10 月 13 日，趁着伊拉克出兵科威特，造成以美国为首的西方国家无暇顾及黎巴嫩之机，叙利亚政府支持的黎政府军在叙军坦克、飞机支援下攻入贝鲁特东区，闪电般击溃反对派军队，奥恩战败出走，残部投降。黎政府开始在全境行使权力，着手实行将所有派别武装撤出首都的“大贝鲁特”计划。

1991 年 5 月，除部分真主党武装外，黎巴嫩各主要派别武装均撤出贝鲁特，交出武器宣布解散。长达 15 年，造成 14 万人死亡和数百亿美元经济损失的黎巴嫩内战基本结束。

（三）国外直接干涉逐步弱化

叙利亚是黎巴嫩和平进程中的关键角色（The Pivotal Role of Lebanon）[①]，因此叙利亚在黎巴嫩的存在状况以及叙利亚对黎巴嫩采取何种政策至为关键。1977 年，黎巴嫩分裂成由叙利亚部队控制的北部地区，由基督教徒控制的海岸地区以及由激进派穆斯林和巴勒斯坦解放组织控制的南部几块飞地。在美国参与下，黎、以双方经过谈判，于 1983 年 5 月 17 日签定了以色列从黎撤军的协议。2005 年 2 月 14 日，黎巴嫩前总理拉菲克·哈里里遇刺。刺杀事件激起了一系列游行示威，2005 年 3 月 14 日，多达 100 万人示威游行，要求结束叙利亚对黎巴嫩的占领。

---

① Stephen C. Pelletiere. *Assad and the Peace Process*: *The Pivotal Role of Lebanon*. (Prince Frederick: Books LLC. 2012). p. 8.

在国际压力下，叙利亚被迫从黎巴嫩撤出1.5万人的军队，结束对黎巴嫩长达30年的驻军。

因此，在黎巴嫩，一旦推翻了原有的权威，新的权威难以在短时间内形成，滑向内战就容易发生。黎巴嫩危机中，影响政府合法性危机的两大因素——教派矛盾和外国干预，是引发黎巴嫩动荡不安的主要因素。因此判断黎巴嫩是否能保持和平稳定局面的一个重要指标，就是这些因素是否得到妥当的解决。

二、新的合法性建立及其有效性

新的合法性建立本身就是有效性的一个重要指标。新的合法性首先是政治合法性，其次在政治合法性的基础上新制度通过经济和文化来增强合法性。由于当代国际体系中，民族国家的合法性还有赖于国际社会的认可，因此外部干预是否足以破坏合法性是也一个有效性的考量指标。

（一）新的教派分权原则有效，而且具有一定弹性

教派间的对抗容易引发国家政权合法性问题。教派斗争也是威胁到中东各伊斯兰国家现政府政治合法性的一个重要因素。议会原设99个议席，基督教派和伊斯兰教派按6∶5分配席位。根据《塔伊夫协议》，黎政府于1991年6月任命基督教和伊斯兰教各占一半的108名议员。1992年7月议会通过选举法修正案，议席增至128个。哈贝马斯的合法性危机理论认为，“人民已习惯于根据公民的经常性利益来评价政治”，并依据该利益自行决定对该体系的忠诚程度，“对社会需求的满足程度已经成为能否赢得政治忠诚和支持的重要因素”。这种客观的发展变化要求政权不断调整自己的政治合法性基础，增加制度的弹性和容纳度。

（二）通过选举建立温和派的政府

亨氏指出，虽然发达国家也依赖政绩，但是更重视程序和

制度，政绩不良而导致的合法性危机可以通过和平选举和统治者的更迭来化解，而不会影响整个国家体制和程序的合法性。内战后，黎巴嫩国家在政治、经济、军事、外交等许多方面面临着重建，而议会选举成为内战后各种政治力量走向“合法性”的必由之路。2009年6月7日，选举产生以萨阿德·哈里里领导的“未来阵线”为首的“3月14日联盟”获得71个席位，以真主党、阿迈勒运动为首的“3月8日联盟”获得43席，以米歇尔·奥恩领导的“自由爱国运动”为首的“变革与改革联盟”获得12席，独立人士获得2席。“未来阵线”（Future Movement）属于伊斯兰教逊尼派政党，政治立场温和。基督教和穆斯林中较为激进的派别都处于边缘的状态，而穆斯林的温和派掌握政权。

（三）国际社会对合法性的认可

黎巴嫩内战与外部干预有着密不可分的联系。但是黎巴嫩内战的结束也是与国际社会的斡旋和帮助分不开的。联合国驻黎巴嫩部队不仅协助维系其国内的政治局面，还一定程度上代表了国际社会对黎巴嫩和平势力的认可而对冲突势力的不支持①。1990年11月，伊朗外交官参加了由黎巴嫩总统赫拉维举办的庆祝黎巴嫩独立日宴会，参加这次宴会标志着伊朗决定承认黎巴嫩政府的合法性，也标志着黎巴嫩政府、真主党和伊朗之间三角关系的形成。2004年9月，黎总统拉胡德在叙支持下，延长总统任期三年。美、法两国借机推动安理会通过1559号决议，要求叙从黎撤军，黎解除境内民兵武装，举行公正、自由的总统选举。2006年3月，黎举行全国对话会议，各派在哈案调查、谢巴农场归属、黎叙关系、解除巴勒斯坦难民营外的巴民兵武装问题上达成一致，但在拉胡德总统的去留和解除

① http://www.un.org/chinese/peace/peacekeeping/Lebanon/unifilB.htm.

真主党武装问题上分歧严重。2007 年 1 月，两派支持者发生暴力冲突。3 月，双方代表议会多数派领袖萨阿德·哈里里和议长贝里举行多轮对话未果。黎政府表示，如黎内部无法就成立哈案法庭事达成一致，将请求安理会予以强行推动。2007 年 11 月，拉胡德总统任满离职，亲西方的议会多数派和亲叙利亚的反对派在总统选举问题上严重对立，选举被推迟 19 次，总统职位一直空缺，黎陷入自 1990 年内战结束以来最严重的政治危机。2008 年 5 月，议会多数派与反对派发生武装冲突。在阿盟和卡塔尔等八国外长组成的阿国调解委员会共同斡旋下，黎各派达成《多哈协议》，选举黎前武装部队总司令米歇尔·苏莱曼为总统。

三、叙利亚内战导致的平衡以及和平的前景

一个政权发生合法性危机的因素是多样的，内部武装动乱、暴力冲突、非制度性政权更迭等问题都会造成不稳定的局面。对于黎巴嫩这样一个特殊而敏感的国家而言，政权本身的合法性基础依靠各个派系的基本平衡，和平局面的维持是脆弱的；另一方面，合法性危机是二战后新独立民族国家的普遍问题，正如亨廷顿所描述的民主化浪潮不断冲击依靠独立运动建立的合法性。

合法性得以维系，主要是韦伯所说的传统、领袖的超凡魅力、法理，细化到精神层面，还包括意识形态、民族主义、宗教文化；从物质的角度，还包括经济建设而来的合法性。这些合法性的维系手段并非是单一的，通常是综合的作用，组成一个合法性的维系结构，每个手段发生不同的功能。这些因素是抵抗合法性危机的有力工具。

（一）和解和妥协力量的增强

在黎巴嫩内战期间，始终存在着追求和平的力量。《塔伊夫

协定》的达成，意味着追求和平力量的增强和全国和解局面已经成为大势所趋。1991 年 3 月，黎巴嫩议会通过了一项大赦法案，赦免了法案通过之前黎巴嫩国内所有的政治犯。但黎巴嫩内战结束之后，黎国内逊尼派和什叶派之间的关系依旧紧张，但“实现政治、经济、文化和社会生活的全面伊斯兰化”① 的真主党处于合法性的框架内，没有实力打破目前的政治格局。2014 年 11 月 4 日，数十万黎巴嫩什叶派教徒举行阿舒拉节庆祝活动。真主党领袖哈桑·纳斯鲁拉罕见赞扬黎巴嫩逊尼派领导人，称逊尼派领导人将国家从“大灾难”中拯救出来，向黎巴嫩逊尼派传达出和解的信息。因此，一个团结的黎巴嫩社会，显然是有助于黎巴嫩和平局面维系的②。

内战造成的恶果促使黎巴嫩内部不愿意再发生内战。反对战争的温和派占据政治主导。黎巴嫩内战是一场自 1975 年至 1990 年期间持续的全面内战。这场内战总共导致了大约 12 万人丧生，至今在黎巴嫩国内仍有 7.6 万人因这场内战流离失所，还有大约 100 万人因这场内战逃离至国外。

正如亚里士多德所言“一种政体如果要达到长治久安的目的，必须使全邦各部分（各阶级）的人民都能参加而且怀抱着让它存在和延续的意愿”。这种延续并非是干净的无矛盾状态，而是“愿意维持其政体的部分必须强于反对这一政体的部分”。因此，黎巴嫩的和平实际上取决于一个国家既有的政治体系是否在客观上已经获得了社会多数成员（比例上占据优势地位）基于内心自愿的认同、支持与服从，除了客观结果之外，主观上也体现为“合法性意味着某种政治秩序被认可的价值”，社会

① Fouad Ajami, The Vanished Imam: Musa al Sadr and the Shia of Lebano n (Ithaca: Cornell University Press, 1986), pp. 213 - 217.

② Paul Salem, “Lebanon Resists Security Threats but Must ReviveNational Unity Government”, The Carnegie Endowment for Inter-national Peace, June 26, 2007.

多数成员凭借自己的独立判断能力来做出自愿的行为表示。

（二）民族主义的有效性得以增强

反叛的本土教派的兴起是民族主义兴起的一个结果，另一方面，后者更为前者的出现提供了足够的合法性资源，成为其宗教权威建构的有力依靠。这样就避免了神权政治，使任何势力强大的宗教或教派作为政治实体干预政治、参与政治决策的合法性都不存在，使世俗政权的更迭和宗教组织内部的变化不致相互影响，大大减小了社会动荡的可能性。内战后，叙利亚对黎巴嫩的长期驻军对马龙派人员造成很大不利，尤其是在政治上的，因为他们的领导人要么被流放，要么被暗杀或者监禁。2005 年 2 月至 3 月 14 日的“雪松革命”，要求结束叙利亚对黎巴嫩的驻军，本质是一场反对外国驻军的民族主义运动。随后对哈里里刺杀事件的调查使得刺杀等极端主义行为遭到人民的反对。哈里里刺杀事件之后，发生了一系列针对众多亲西方黎巴嫩政要的刺杀事件。刺杀作为政治暗手段本身已经意味着冲突和稳定成为了主流。

（三）中央政府权威一定程度的加强

1990 年 10 月 13 日，黎政府军在叙军坦克、飞机支援下攻入贝鲁特东区，奥恩战败出走，残部投降。黎政府开始在全境行使权力，着手实行将所有派别武装撤出首都的“大贝鲁特”计划。至次年 5 月，除部分真主党武装外，黎各主要派别武装均撤出贝鲁特，交出武器宣布解散。自内战结束以来。黎巴嫩已经进行了多次选举，大部分的民兵组织要么被削弱，要么被解散。而黎巴嫩政府军使得中央政府的权利能够覆盖到全国三分之二的地方。在 2006 年黎以冲突结束后，黎巴嫩政府军 30 年以来第一次进入了黎巴嫩南部地区。

（四）叙利亚危机进一步削弱了叙利亚对黎巴嫩的影响能力

马吕斯迪伯提供的证据表明，叙利亚在自 1975 年以来黎巴嫩所扮演的角色，是通过延续冲突来保持对黎巴嫩社会的影响力[①]。在巴沙尔治理叙利亚时期，巴沙尔对其父的政策进行了调整，实行在动荡地区局势下的“平衡外交政策”（Balance Diplomacy）[②]，使黎巴嫩内政的“叙利亚因素”迅速下降。黎巴嫩内战结束之后，形成了逊尼派和马龙派的联盟。执政的“3 月 14 日联盟”由逊尼派为主导的“未来阵线”、伊斯兰团体和基督教马龙派主导的黎巴嫩长枪党、“黎巴嫩力量”、黎巴嫩自由国民党、“独立运动”组成。而“3 月 8 日联盟”由什叶派主导的黎巴嫩真主党、阿迈勒运动以及一些马龙派政党和逊尼派政党、阿拉伯复兴主义政党和纳赛尔主义政党组成。叙利亚危机发生以后，大批叙利亚难民进入黎巴嫩。这些难民多数属逊尼派。

（五）经济恢复增强了黎巴嫩政府的合法性

政府自身治理障碍引发的合法性危机使合法性的挑战者获得了“负面合法性”。例如政府的腐败无能使政府的反对者作为最有资格的替代角色得到了确认。但如果政府治理得当，经济得以恢复，那么政权的合法性将会得到增强。有鉴于黎巴嫩经济一直处于恢复性增长中，因此被称为“动而不乱——独特的黎巴嫩经济模式”。

（六）对挑战黎巴嫩政府权威的逊尼派激进势力可控

2007 年 5 月，黎巴嫩安全部队对本国北部巴里德河巴勒斯坦难民营的一个建筑物发起进攻，打击极端势力，并取得了一定的成效。2014 年 10 月，黎巴嫩军方对的黎波里的逊尼派武装分子发动猛烈进攻，试图将武装分子赶出这座城市。这些行动本身表明，黎巴嫩政府具有遏制极端势力的渴望，也具有控

① Marius, Deeb, Syria′s Terrorist War on Lebanon and the Peace Process, （New York: Palgrave Macmillan, 2003）. p. 3.

② http://www.mfa.gov.il/MFA/Peace% 20Process/Guide% 20to% 20the% 20Peace% 20Process/Israel-Lebanon% 20Ceasefire% 20Understanding.

制局面的能力。当然，从长远来看，逊尼派的伊斯兰极端势力仍然对黎巴嫩的和平造成可持续性的威胁，极端势力的走向值得持续关注。

综上所述，由于和平力量的增强，激进力量的被消弱、邻国干预因素的弱化以及新产生的政权具有较强的代表性，体制变化也处于较强的弹性阶段，因此可以预测：如果没有更强大的外部势力干涉，内部各派政治势力对和平的共识没有被打破，黎巴嫩将继续保持和平的状态。而真主党和以色列的冲突、叙利亚危机更进一步削弱了什叶派激进势力，形势向着更为有利于温和派穆斯林的方向发展。由于激进派的穆斯林已经被吸纳到政治体系中，因此未来对黎巴嫩造成威胁的主要是逊尼派极端分子，特别是与“基地”组织、“IS”有关联的武装分子，会制造局部的冲突。但是基于合法性危机的缓解，发生黎巴嫩内战那样长期、全面、剧烈的冲突可能性已暂不存在，黎巴嫩将维系“动而不乱”的局面。

第六章
合法性连续体与国族认同

执政集团保持长治久安是其主要的诉求，但是作为一种持续性的资源，国族认同在合法性连续体中发挥着至关重要的作用。强的认同使合法性连续体获得稳固的文化基础，而弱一些的认同则导致脆弱的合法性存在。

第一节　合法性和国族认同构建

现代多民族国家主权的象征和合法性守护的重要渠道，就是在统一的地域内要求各个民族、族群、人民、个人一起在地域认同、民族认同和宗教认同、部落认同等基础上建立更高的国族认同。但是理想与现实之间在手段、途径、可行性以及效果方面存在着巨大的鸿沟。现实的残酷状况迫使学术界认真面对20世纪以来的国族认同现实①。很显然，国族构建面临的挑战回答的不仅仅是宗教问题或单纯的民族主义问题，而是由正确认知通过正确途径到达正确目的的过程。在这个过程中，正确认知是非常重要的，那么宗教在其中起到的认知作用究竟是怎样的呢？

---

① 尹华锋、周益锋：《着眼新疆社会稳定和长治久安 积极维护和加强民族团结》，《西安政治学院学报》，2014年第5期。

本书认为，国族是一种结构（以认同为中心的社会文化结构），而宗教的作用是一种指向认同的功能，功能依据结构的性质而发挥不同的作用。国族说到底与宗教的普适性是存在较大差异的甚至在某些方面是对立的，但是两者并不必然对抗，民族分裂主义或宗教极端思潮滋长是国族认同削弱的结果，而不是国族建构走向失败的原因。

一、概念界定

本书的关键词中包含着“国族构建”等概念。概念是研究的起点，也是区分不同事物的重要前提条件。

第一组概念：民族与国族。

长期以来，我们熟悉的概念是“民族”。这个概念产生于近代西方，并经日本流传入中国。追根溯源到“民族”一词在英文中的原词，乃是“Nationality”。但是这个英文单词也被译作国族。这样就产生出了问题：民族与国族是一回事吗？

如果民族是“Nationality”，那么按照《简明牛津英语词典》所言，“国族为一个广义的人的聚集体，通过共同的血缘、语言或历史被紧密地联系在一起，以致形成了由某个人民组成的独特的种族，通常被组织为独立的主权国家且占据一定的领土”。那么民族“组织”为“独立的主权国家”就成为内嵌在其含义中的学术承认，其中的逻辑关系是：由于民族有国家的组织权以及领土的占有权，因此是民族组织了国家，而不是国家产生后对民族有建构作用。承认了某个共同体为民族，就意味着承认其有组织国家的权力。因此，在民族被“Nationality”化了以后，民族的概念蕴含的丰富独立理念被分离主义所利用，成为已经取得独立主权国家领土完整的重要威胁。一方面，二战后民族主义的兴起摧毁了殖民体系；但另外一方面也给独立国家国内形成了分离主义的压力。

因此，民族和国族，需要进行区分，区分的关键点其实是政治。在学术界的研究中，民族被限定为“具有经济、语言、文化等共同性的人民在实现政治统一与地域一体后形成的利益单位”。斯大林的定义就体现了这个特点：“民族是人们在历史上形成的一个有共同语言、共同地域、共同经济生活以及表现在共同文化上的共同心理素质的稳定的共同体。”在这个被改造过的概念中，民族带有文化性质，而失去了构建民族独立的政治功能。因此，这个定义接近西方语境中的原初“民族”含义，而与中国近代以来使用的“民族”有较大差异。

中国近代以来在政治和文化领域使用的“民族”接近西方话语中的“国族”。例如孙中山所言“三民主义”中的“民族主义”实质是“国族主义”。中国共产党继承了孙中山先生的遗志，也继承了其一部分政治概念，“民族”就是其中之一。

学术界认为，国族与民族的区别在于，前者“必须有国家的实质”，后者“不必有自治权及国家形态”。也就是说，民族是一个原生态的共同体，处于自然状态，而国族则是一个建构的过程，是依据政权的政治领导和按照国界所划定的领土进行再次一体化的结果。一般而言，民族的产生要早于国族。在跨界民族和多个民族共处的国家里，国族和民族甚至处于对抗性的关系中：一体化与反抗一体化。

因此，民族是一个遵循自然的过程，强调历史长期性、共同语言、共同地域、共同经济生活、共同文化、共同心理素质、共同体，而国族虽然具备这些特征，但国家因素却是具有优先性和指导性的。相对“民族”而言，“国族”强调的是政治统一性与地域一体性。而政治统一性与地域一体性正是“国家”(State)的基本特征，因此，把英语中的“Nation”译为“国族”或“国家”“国民”是适当的，而译为“民族”则不甚达意。

第二组概念：构建、认同与国族化。

构建在汉语中被认为是一个动词，指的是“建立（多用于抽象事物），如构建理想的文化模式”。在很多时候，构建与建构意义相似。本书的“建构”概念受到建构主义的若干启迪。建构主义作为国际关系理论，围绕自角色之间通过建构而产生出来的互主性共识（the intersubjectively sharedideas）、规范和价值观来解读国际政治中国家行为体的具体行为。实质上，建构主义对于民族与民族之间的关系，对于国族的形成与建立，理论也基本成立。例如，从规范改变的角度来看待南斯拉夫穆斯林族的形成，正是由于穆斯林不接受南斯拉夫建立的制度规范，改变了原有的民族认定结构。而承认穆斯林族的存在，又各自民族角色之间相互作用所形成的观念化的结构对角色行为的制约和规定作用。

认同是一个学科交叉术语。它的生成意义在于建构有关“我们是谁”“我们与他人差异”方面的概念。实现从民族认同向国族认同的转变是理性化活动。国族认同形成于国族属下各民族人民认同方式的嬗变，在认同层次中纳入“国族”观念，并且将之作为新型的认同对象。国族化并不排斥各个民族的特性而是更注重在同一政治与地域空间单位内相互依存同生同荣的共性。在这一过程中，“通过给予人民一套符号，使狭小和局部的认同，归属于一个更大的认同，以允许统治者获得合法性……有效地管理整个国家”。地位与文化是这种集体认同构建的基本因素。它意味着各民族和谐与稳定关系的产生与维护，其对抗与冲突的大幅缓解，有序与和谐的国内环境的营造，以及在此基础之上的共同利益的重新界定与发展、国家利益的形式和内涵超越民族的差异而纳入“跨族”因素。近代以来的历史表明，多民族国家的独立富强，必须以国族化的实现为基础；民族独立意味着国族获得国家主权，而不是国内各民族的分别独立。

何谓“国族化”？准确地说，所谓“国族化”应表述为民族的国族化，指不同的民族融合为统一的“大民族”——国族的过程。其实质是实现从民族认同到国族认同的转变。现代国家的标志之一是实现从民族认同到国族认同的转变。民族认同是国族认同的起点，国族认同是国家利益的重要组成部分，从某种意义上说，是国家存在和延续的关键。实现从民族认同到国族认同的嬗变过程，也是民族的国族化过程。那么，实现从民族认同到国族认同的嬗变是可行的吗？回答是肯定的。其主要依据在于：“第一，民族认同虽然具有形成后的惯性和稳定性，但不是一成不变的，可根据环境和条件的变化而不断自我调整。民族认同是集体认同的基本对象，但不是终极指向。随着经济的发展，民族难以完全满足其成员的多元化的诉求。以国族认同取代民族认同，意味着认同的层次多元化的出现。这是多层次、多维度的族际关系与国家关系发展的必然要求。民族主义可以利用民族利益、民族安危等词句去动员人民服从国族这个集体。第二，民族利益与利益观念的变化与扩展，可使国族认同的出现成为可能。国族认同是以传统文化符号做工具，通过民族集团的组织和制度化建立起来，可通过民族集团政策加以引导和塑造。国族的形成过程也是国族认同的形成过程。民族间共有观念的形成，既是历史的产物，也是民族国族化及其互动的结果。换言之，国族化是近现代民族促进民族利益的手段，国族认同也是民族利益的建构结果，在族际互动过程中形成的共同利益观念建构着国族认同”①。

---

① 刘泓：《国族与国族的认同》，《学习时报》，2006 年 12 月 19 日，http：// big5. china. com. cn/xxsb/txt/2006 - 12/19/content_ 7531127. htm。

二、理论假设

国族构建是一种积极的运动过程，这个过程的最终结果是导向稳定的新共同体。在其中起关键作用的核心因素是“认同”（Identification）。伯克认为“认同”概念根植于本质观（substance）：人类通过各种不同的特质、特征来形成自我或本质，包括身体、职业、朋友、活动、信仰和价值观。当我们自身的特质、特征与其他任何人或事物发生联系时，我们便与他们分享共同的本质，形成“同质性”（consubstantial）。在这里，国族构建能否取得成功主要取决于作为主导民族（绝多大数是主体民族）的国族倡导者能否获得受众的认同，即“劝说”是“认同”的结果。

国族内部的主体民族要实现与少数民族建立认同（联盟或融合）主要采用伯克所说的三种常见认同形式，即同情认同（identifieation by sympathy）、对立认同（identifieation by antithesis）、误同（identifieation by inaecuracy）[①]。

“同情认同”指的是国族倡导者通过强调受众在思想、情感、价值、观点等方面的相同或相似，强调国族的内部结构体之间的共同感情而实现与受众建立“认同”。人有一种共同的“人性”，因而人际会有认同感和同情心。如果能以教育、媒体、舆论来加强并发挥这种认同和同情，人们便会自其内心产生一种力量，使他能够推己及人，并且因而进一步领悟各种高阶规范的意义。托克维尔指出，平等使人们觉得彼此都是相似者并带来一种相似者之间形成的认同和同情。可以说，泛伊斯兰主义赢得广泛同情并顺便将极端主义植入受众，是“同情认同”的结果。认同上升到

① 鞠玉梅：《肯尼斯·伯克新修辞学理论述评：关于修辞的定义》，《四川外语学院学报》，2005 年第 1 期。

国族层面是指把他人当作自己人、一家人的感觉。

“对立认同”，即对立实体之间基于共同的敌人而创建“认同”。民族、群体和人在现实生活中总是审时度势地对周围的环境进行观察和判断，权衡它们可能对他的行动带来的影响，选择适当的策略，采取必要的行动。国族认同形成的一个基本条件是存在一个共同的敌人。对立认同是一种民族主义做法，“建立在共同的不满和共同敌人或谴责对象基础上的特殊的社会认同，其最大的特点就是很可能发生在超越国家、民族界限的更广泛的社会背景之下，涉及更具包容性的社会认同（或者说是对第三方的认同），如和平主义者争取各方力量来反对核武器，巴以冲突的产生和激化等”①。“共同敌人”的出现会加强群体内部的认同，也会使群体成员的身份显得更加重要。从美国国族构建的历程来看，正是共同的敌人英国促使了美国各个族群开始重新看重统一的国家认同。美国战略界迄今仍然认为，树立“一个共同的敌人有助于促进国民的认同和凝聚力”，“一个共同的敌人将有助于促进人民之间的认同和凝聚力，但是削弱或缺乏一个共同的敌人，则可能带来相反的影响”②。这一点与国际关系中的联盟是颇为相似的，“如果所有联盟成员认同一个共同的敌人或威胁，那么联盟尚可以承受意识形态的不一致或领导者之间的差异带来的困境”③。例如共同敌人在欧洲认同中充当了欧洲集体认同的参照，构成了欧洲集体认同的“他者”。

---

① 薛婷、陈浩、乐国安、姚琦：《社会认同对集体行动的作用：群体情绪与效能路径》，《心理学报》，2013 年第 8 期。

② Joseph. S. Nye，“Redefining the National Interest”，Foreign Affairs，Vol. 78，No. 4，Jul-Aug. 1999，pp. 22 - 35.

③ 王帆：《联盟管理理论与联盟管理困境》，《欧洲研究》，2006 年第 4 期。

“误同”被认为是最强有力的认同，“误同”也可以译为“无意识的认同”，作为无意识层面下的劝说，却可能产生强有力的作用。这是一种不经意中所产生的认同（derives from situations in which it goes unnoticed）。这种认同策略通常指倡导者使用自然而然、潜移默化的手段，使国族成员无意识或者潜意识地认同倡导者，想象自己成为倡导者或如倡导者所描述的那样。

这三种认同对于国族构建的作用，关键是主体之间的关系。也就说，如果国族内部多个族群之间有着“同情认同”，又具有共同的敌人“对立认同”，那么群群之间使国族认同构建走向成功。假设1作为国族的主导者、倡导者，它与国族内部其他族群之间的关系（1+N）形成的效果可以列表如下：

表6—1　国族内部与外部的认同关系分值表（例）

<table>
<tr><th colspan="2"></th><th>同情认同</th><th>对立认同</th><th>误同</th><th>国族构建效益</th><th>备注</th></tr>
<tr><td colspan="2">国族内部1+N</td><td>+1</td><td>+1</td><td>+1</td><td>+3</td><td>最强认同</td></tr>
<tr><td rowspan="3">成员与外部N-1</td><td>主体中立</td><td>-1</td><td>-1</td><td>-1</td><td>-3</td><td>较差认同</td></tr>
<tr><td>主体偏外</td><td>-2</td><td>-2</td><td>-2</td><td>-6</td><td>最差认同</td></tr>
<tr><td>主体偏内</td><td>0</td><td>0</td><td>+1</td><td>+1</td><td>一般认同</td></tr>
</table>

也就是说，假设在“不存在外部因素”的状况以及国内教育等因素处于常量的情况下，如果国族内部的成员（各个民族）有着同情认同、对立认同、误同，对国族构建是最强、较强与一般的关系。但是如果成员与外部有同情认同、对立认同、误

同，也就是说存在外部认同竞争的状况下：（1）如果国族主导民族也与该成员一致，那么这种国族构建的效果呈现一般状况。在国族认同中出现了主导权的国外竞争者，但并不完全矛盾，因此只有自然而然的误同在起作用。（2）如果国族主导民族与该成员相反，那么这种国族构建的效果呈现最差的状态。（3）如果国族主导民族保持中立和观望，那么由于内部成员与外部的认同增强了，事实上起到了冲击国界内部国族构建的作用。

因此，在“不存在外部因素”的假设是伪命题的状况下，外部的认同存在，对国族构建最坏的结果是主体偏外导向的分裂与分离主义，较差的结果是主体中立的缓慢分裂与族群关系脆弱，一般的结果是主体偏内的缓慢国族构建认同。在三种情况下，只有最坏、较坏与一般三种结果，没有较好、好与最好的结果。这个结果实际上凸显了“不干涉内政”与“政教分离”的重大现实意义。

第二节　国族构建的案例

本书选择的两个国家是巴基斯坦和波斯尼亚。在本书的框架内，巴基斯坦国族是指在巴基斯坦领土范围内，巴基斯坦政府和主流精英倡导的“穆斯林族”共同体。而波斯尼亚国族则是指在波斯尼亚和黑塞哥维那境内穆克联邦（波斯尼亚人和克罗地亚人）范围内，波斯尼亚政府倡导的“穆斯林族”（后更名为波斯尼亚族）共同体。

一、巴基斯坦和波斯尼亚国族构建的大致过程

印度次大陆的莫卧儿王朝崩溃以后，英国殖民者分而治之的政策激化了穆斯林和印度教徒之间的矛盾。为了保护占英属

印度地区人口少数的穆斯林民众的利益，20世纪初，赛义德·艾哈迈德·汗提出“两个民族”理论，唤醒了印度穆斯林作为“一个民族”的意识；1930年哲学家伊克巴尔提出在印度西北部建立一个穆斯林国家的设想。随后，真纳借用剑桥大学穆斯林学生发明的“巴基斯坦”（Pakistan）这个词。[①] 此外，“Pak”在乌尔都语中意为纯洁，“stan”意为国家，巴基斯坦（Pakistan）意为“纯洁的国度”。1940年，真纳把印度东北部的两个穆斯林聚居区孟加拉和阿萨姆纳入“巴基斯坦”，即“东巴”（1971年东巴宣布独立，1972年正式成立孟加拉人民共和国）。作为独立的穆斯林国家的名称，并最终于1947年8月14日建国。

20世纪90年代初的波黑冲突成因机制与巴基斯坦建国大体类似。波黑冲突双方在族裔上是同根的，都属于南部斯拉夫人。1971年，铁托政府出于各种考虑，正式把波黑地区的穆斯林（其中大部分是塞尔维亚人）登记为“穆斯林民族”（Muslim in the sense of ethnic nationality），这实际上是依据宗教认同创造了一个新的民族身份和“人民的鸦片”，或作为一套文化系统和社会凝结剂，在社会控制方面所具有的特殊功效，是社会思想家们一再强调的主题，马克思和恩格斯、涂尔干、齐美尔、韦伯、C.格尔茨和彼得·贝格尔等人对此都有过专门的论述。随后，波黑穆斯林民族的民族认同感及其同塞尔维亚人之间的差异认识不断强化，双方之间现实的利益矛盾升级，最终在1992年3

① 1932—1933年剑桥大学乔德里·拉马特·阿里等穆斯林学生创造了“Pakistan”这个词汇，这个词的立意巧妙，包含了印度西北部穆斯林占多数的主要地区：“P”代表旁遮普（Punjab），“A”代表阿富汗尼亚（Afghania），“K”代表克什米尔（Kashmir），“S”代表信德（Sind），“TAN”代表俾路支斯坦（Baluchistan）。

月引发了惨烈的战争。①

从以上过程可以看出，两国都是以信徒的宗教认同为依据，巩固乃至创建民族身份，都带有人为因素。

二、巴基斯坦和波斯尼亚国族构建中的“认同”

“对立认同”意味着共同的敌人，体现为伊斯兰复兴和民族独立相结合，形成错综复杂的相互建构作用。

（一）南斯拉夫和英属印度的分裂前的“统一”，是“共同的敌人”维系的

南亚穆斯林民族主义的核心支柱是伊斯兰信仰，宗教信仰和生活习惯的差异使得穆斯林与印度教徒格格不入，因而自成一个群体。但是在英属印度时期，穆斯林和印度教徒还没有真正落实分家的理念。其原因就在于两者存在着一个共同的敌人：英国殖民者。

前南斯拉夫是一个以斯拉夫人为主的多民族国家，境内大小民族共有20多个（另一说为30多个）。在解体之前，全国有

① 本段引用自钱雪梅《宗教民族主义探析》，《民族研究》，2007年第4期。该文认为，宗教信仰和实践方面的分歧可能削弱共同体的聚合程度，加深政治共同体内部部分成员的分裂意识，加深不同信徒群体或政治共同体之间的矛盾和冲突。民族主义也类似。这一相似性表明，宗教信仰和民族主义本身都是中性的，它们并不先验地或者从本质上具有维护/反抗政治秩序或某一个特定阶级利益的属性。历史上，同一种宗教和同一个民族主义思想，都曾经既被统治者用来建立和维持社会秩序，也被反叛者用来反抗现存秩序或制造社会混乱。这对我们理解宗教民族主义的形成至为重要，即宗教因素和民族主义的连接或融合是情境性的：它是特定群体在特殊社会历史环境中，出于特殊的利益需要，激活宗教资源和民族主义资源（包括身份认同、信仰、感情等等）的结果。换言之，宗教信仰和民族/国家认同作为一种纽带，它本身并不会直接导致集体行动，只有当特殊事件发生、触及部分人的切身利益、引发其不满和怨愤，而且有人（比如精英或政治家）起来提出一种看似能够改变现状的思想主张和行动方案，并以神圣或集体的名义进行宣传和动员时，早先分散的信徒对神的忠诚、个人对民族/国家命运的关切和热爱，才会转化人们对于社会政治运动及其组织的集体忠诚，以宗教民族主义的方式，把神圣感召和世俗利益写在旗帜上，通过赋予斗争以“殉道”或“民族英雄”的意义，把杀敌行为合理化，并用“永生”鼓励人们勇往直前，死而后已。由此迸发出的政治热情和力量不难想见。

2350万人，其中人口最多的民族是塞尔维亚族，占34.8%，其次是克罗地亚族占18.9%，穆斯林族占10.1%，斯洛尼亚族占7.5%，马其顿族占6%，黑山族占2.6%，阿尔巴尼亚族占9.3%，匈牙利族占1.9%。在当时的情况，之所以不存在穆斯林族的分离主义或领土民族主义，是由于前南斯拉夫的各民族有着“共同的敌人”：帝国主义（美国）、大国主义（苏联）。在南斯拉夫内部，主导国族构建的是非主体民族（南共主要领导人多数都是非塞尔维亚人）。在这种情况下，穆斯林的独立愿望是比较低的。

总结这一段，可以看出，在巴基斯坦独立前的母体英属印度和波斯尼亚独立前的南斯拉夫，国族主导民族也与该成员民族一致，这种国族构建存在着主导权的国外竞争者，但并不完全矛盾，因此只有自然而然的“误同”在起作用。国族主导民族没有保持中立和观望，也没有保持与外界一致，而是事实上形成了一种国族内部穆斯林族与印度教民族、东正教民族的“同盟”关系。巴基斯坦和波斯尼亚的建立，是“共同敌人”忽然消失和主导国族构建的原民族单位放弃了国族依托领土的结果。

（二）巴基斯坦和波斯尼亚国族构建是一个重新树立“共同敌人”的过程

在巴基斯坦和印度独立之前，穆斯林同印度教徒之间的关系并非泾渭分明和完全敌对，国大党的成员和支持者中始终都有穆斯林，有的穆斯林还曾经担任国大党高级领导职务。但是20世纪20年代中后期，德里、加尔各答等地的宗教屠杀不断升级，印度教徒同穆斯林之间的仇恨加深。1940年3月23日，穆盟正式通过巴基斯坦决议，提出“国大党是印度教徒的政党”“伊斯兰处于危险之中”（Islam in Danger）等口号，从认知和感情层面强化了穆斯林团结及其对印度教徒的不信任。穆斯林与印度教徒间的流血冲突不断发生，特别是在七个建立国大党政府的省份中，穆斯林的生命、财产安全和政治权利得不到保障，印证了穆盟的宣传，强化了印度教徒与穆斯林势不两立的印象。1947 年 6 月 3 日，国大党、穆盟同英印总督蒙巴顿达成了分治协议；8 月 14 日，巴基斯坦宣告成立，“巴基斯坦”从理念变成了政治现实。巴基斯坦建国之后，由于宗教、领土争端和历史积怨，通过与印度的对抗，来强化“共同敌人”印象。

波黑内战爆发前夕，在 440 万总人口中，穆斯林族占 43.7%，塞尔维亚族占 31.4%，克罗地亚族占 17.3%。“南共正是在反对大塞尔维亚霸权主义和大克罗地亚分立主义的斗争中诞生的，所以南共不可以执行亲塞尔维亚或亲克罗地亚的政策，这是完全可以理解的。相反，南共会千方百计地继续进行传统的斗争反对这些极端主义的倾向。”[①] 其他各族一致默许对人数众多、地域广大的塞族实行缩分策略，也增强了日后塞族激进民族主义与其他民族关系的复杂化程度与对立程度。波黑的穆斯林在 1945 年南斯拉夫民主联盟成立时还只是一个宗教团体而已，但“1971 年修改宪法时正式确认这一事实。波黑穆斯林被承认为南斯拉夫联邦的第六个民族，这在当时就遭到了塞尔维亚人和克罗地亚人的强烈反对”[②]。由于这种政策导致了民族矛盾激化，以至 20 世纪 90 年代初爆发了战争。波黑战争是第二次世界大战后在欧洲爆发的规模最大的一次局部战争。波黑战争的进程随着外部势力的军事介入和武装干预，特别是北约所进行的军事干预，最后迫使塞族签署了“代顿协议”。值得一提的是战争结束后，海牙国际法院向犯有战争和种族灭绝罪

① 张彤：《南斯拉夫民族冲突原因手探析》，《中南民族大学学报》，2012 年第 5 期。

② 王换芳、熊坤新：《南斯拉夫解体中的民族因素手探析》，《青海民族大学学报（社会科学版）》，2016 年第 2 期。

的塞族战犯发出通缉令，单方面反对塞尔维亚，为波斯尼亚穆斯林塑造了持久性“共同敌人”。

综上所述，巴基斯坦和波斯尼亚国族构建是一个重新树立“共同敌人”的过程。

（三）巴基斯坦和波斯尼亚国族构建得到了穆斯林世界的“同情认同”

20世纪中期，巴基斯坦“诗圣”伊克巴尔在欧亚各国四处奔波，争取对他的巴基斯坦建国方案的支持。巴基斯坦建国在西方社会以及中东地区获得了广泛的同情。

20世纪90年代波黑内战中，穆斯林世界广泛支持波斯尼亚穆斯林。波斯尼亚的事业在穆斯林国家深得人心；对波斯尼亚的援助来自各个方面，包括公开的或私下的援助；穆斯林国家政府，特别是伊朗和沙特阿拉伯政府，在提供援助上相互竞争，试图通过援助扩大影响。从摩洛哥到马来西亚，逊尼派和什叶派，原教旨主义者和世俗主义者，阿拉伯和非阿拉伯穆斯林社会，都加入了援助的行列。穆斯林对波斯尼亚人的援助有不同的形式，既有人道主义援助（包括1995年由沙特阿拉伯提供的9000万美元），也有对暴力行动的外交支持和大规模军事援助。这强烈地刺激了波斯尼亚社会的伊斯兰化，以及波斯尼亚穆斯林对全世界伊斯兰社会的认同；还使得美国对波斯尼亚人的要求产生了同情心。

可以看出，巴基斯坦和波斯尼亚国族构建得到了穆斯林世界的“同情认同”，强化了它们各自新的国族认同。

（四）巴基斯坦和波斯尼亚的“误同”变革：迁徙与再结盟

巴基斯坦独立前，次大陆穆斯林民族不是铁板一块的同质体，数千万穆斯林分散居住在次大陆各个地区，属于不同的部落和族群，操不同的语言，遵从不同的风俗习惯。在第一次世界大战中，南亚穆斯林掀起了哈里发运动，运动中穆斯林学者宣布印度为战争，要求穆斯林离开印度，迁移到其他伊斯兰国家，由此在伊斯兰认同与地域认同之间建立直接关联。成千上万的穆斯林响应这一号召，纷纷离开印度，形成了规模浩大的迁徙运动，为巴基斯坦分割穆斯林地区与印度教地区提供了思路与线索。

与巴基斯坦稍有差异的是，波斯尼亚的穆斯林分布在不同的三个主要区域，而且没有任何一块区域在土地上占据主要部分。这使得1994年3月波黑境内的穆斯林和克罗地亚人双方同意共组联邦，其原因也是共同对抗境内塞尔维亚人。1995年11月21日各方签署《代顿和平协定》，结束内战，并把波斯尼亚和黑塞哥维那分为波黑联邦以及塞族共和国两个政治实体。可以看出，波斯尼亚并没有建立达到如巴基斯坦90%以上人口信仰伊斯兰教的比例的国家，而是实际上又重建了一个新的国族共同体：波斯尼亚。即便是波斯尼亚内部的穆斯林族也是由多个民族成分构成的，主要来自塞尔维亚、克罗地亚两个民族，文字上也不完全一致。由于穆斯林族将穆克联邦作为主要活动区域，也大大减少了其在波黑塞族共和国境内活动的可能，进一步促进了领土民族主义的精确化。

三、现实启迪

可以认为，宗教在一些民族的构建、形成过程中起到了非常重大的作用，宗教因而融合到该民族的文化中，形成了该民族特殊的文化标记。主要体现在以下几个方面：

第一，宗教对民族建构的“历史记忆”功能。有的宗教由于在某些民族中信仰时间很长，许多民族的某些重大的历史演变，与宗教的影响有关。因此，宗教对这些民族的建构过程形成了带有集体认知的“历史记忆”功能。

第二，宗教对民族建构的“制度调控”功能。在民族的演变历史中，有的宗教由于长期被上层阶级把持利用，一些宗教制度被移植到社会制度中来，成为社会制度的组成部分，从而对民族的建构起“制度调控”功能。在中世纪，世俗国家的政府对人民实行的社会压迫制度也乐于披上宗教的外衣，使政治治理的合法性带有“神圣”“神授”的色彩。

图 6—1

第三，宗教对民族建构的“文化植入”功能。宗教在传入某个民族集团，相互融合和发展过程中，逐渐囊括了某些民族的文化成果，相互渗透、相互借鉴，将宗教的变成民族的，而民族的也变成宗教的，把民族特有的文化纳入宗教文化的领域形成一个新的文化结构。

第四，宗教对民族建构的“共同心理”作用。有的宗教对某个民族形成起到了在思想意识方面的维系作用，成为该民族的灵魂支柱。

第五，宗教对民族建构的“经济结合”作用。由于宗教在历史上具有一定的经济功能，经常充当社会的救济者。在国家对赈灾等责任性活动缺席的过程中，宗教经常出现填补该种空白。在一些国家的特殊历史时期，宗教的经济能力强大，成为强有力的政治势力，对一些民族的形成起到“经济结合”的作用。

第六，宗教对民族建构的“身份认定”。根据建构主义理论，民族在身份形成的过程中，常常需要一个“他者”，这个“他者”直接的来源通常是敌对者；另外，某个民族的身份通常都是多重的，但不同的身份在什么时候被激发根据条件的变化而定。因此，宗教的影响不仅仅在各民族内部产生影响，而且还影响到各民族之间。在历史上，某个政权或阶级进行民族压迫和民族歧视的同时，还进行宗教压迫和宗教歧视，它们常常利用各民族人民宗教信仰的不同（甚至一个宗教内部派别的不同），进行挑拨离间，制造宗教纠纷和民族矛盾，为弱小的集团制造“他者”的意像。这就使宗教差异和内部的分裂变成了民族分裂、民族矛盾的助推器。

（二）宗教与国族的关系

根据前文对国族和民族概念的辨析，我们可以看出，国族不等同于民族，国族的构建存在着几个显著的特点：第一，拥有了一个国族内部的主体民族。这些民族对国族的构建起到领导、引导和促进作用。第二，拥有国土和政府机构，即具有国家的特征。在国土的范围内行使主权并愿意在该领土的范围内实现民族的“N＋1”个单数的结合走向最终的“国族”。在这里，国家对国族的构建起到了保卫安全、圈定范围的作用，并利用国家政权的力量，将很多民族割裂开来。从这个意义上说，国族的构建实际上是一个国家政权按照自己的意志和领土范围塑造一个新的民族的过程。第三，国族要拥有一个相对一致的意识形态作为共同的文化和心理基础。

因此，根据以上的特点，国族内部是一个同心圆的形状。在这个结构体的内部，有领导或主体民族，有政权引导的认同建设，有国土和机构设置的框架。

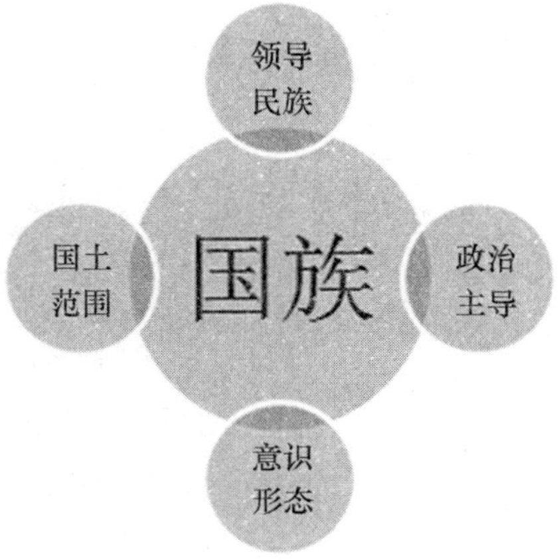

图 6—2

在这个结构体中，宗教的作用可能是正面建设性的，也可能是消极的作用。这一点与民族—宗教之间的关系存在着较大的差异。表现在国族内部的民族、阶级、宗教的张力与分离力。

国族的构建，是一个凝聚力，是一个向心的合力，它追求的目标是“N+1>1”。但是在任何一个向心力的背后，都站立着无数的破坏力和分裂力。有多少能量的向心力，也就会有多少能量的分离力。

在以下三种情况下，宗教对国族的构建起到“中立以上”的作用。

其一，要构建的“国族”内部各个民族，信仰统一的宗教，并且这个宗教本身呈现“一致”的特性。这种方式接近巴基斯坦，是巴基斯坦内部能基本建立“穆斯林民族”的一个重要原因。

其二，要构建的“国族”内部尽管各个民族信仰并非统一的宗教，而是多元的宗教，但是该宗教是多神宗教，对其他宗教宽容和开放。这种方式通常表现在一个国家的主体民族，在开始并没有宗教，但随着社会的发展，公民信奉多种宗教，但并不影响该民族的存在和维系。

其三，要构建的“国族”内部各个民族信仰并非统一的宗教，宗教也不是多元的，况荣程度有限。但是有一个高于该宗教的文化、意识形态稳定地起作用，起到了超越宗教、管理宗教功能的“最高心灵管理者”的核心支柱作用。

在以上的三个条件下，“少数民族”对国族至少是不积极对抗的，或者采取中立的态度，致力于保存本民族的文化，或者采取配合的积极态度，致力于文化的大交流。

国族的构建，本质是一种对民族的替代性方案，是以新生的“国族”替代业已存在的“民族”的过程，是一种主体民族依靠国家政权推行的与“狭隘民族文化”对抗的进程，本质也是一种主体民族带领非主体民族构建一个专属固定活动区域、新的共生文化的永久合法性文化。

但是，宗教并不意味着绝对服从国家政权。在相当多的条件下，国族和宗教的关系并不是上述过程那么和谐，而是凸显出各种矛盾和斗争，并最终体现为阶级斗争和民族矛盾。在以下的情况下，宗教对国族构建的作用是破坏性的。

其一，国族内部的不平等性。表现在主体民族和非主体民族宗教信仰不同，但主体民族的宗教毫无宽容、尊敬和平等的意愿，使得非主体民族的文化受到强制性的压迫。

其二，国族内部文化的冲突。一些民族的宗教矛盾是世界性的，国家无法通过自己的努力化解这种内部的文化冲突。

其三，国族内部文化的认同远远小于该民族对其他国家某个宗教的认同。例如有的国家的少数民族信仰的是其他某个更强大国家的主体民族信仰，这种情况下容易发生冲突和矛盾。

其四，国族的主体领导民族建立的国家政权存在着压迫和剥削，使得阶级矛盾、经济矛盾反映到国族内部，使得该共同体无法形成认同的文化。

其五，国族所仰仗的新的认同文化无法超越、竞争得过各个民族内部的既有宗教文化与传统。

其他的破坏性因素还有很多，例如外部势力的介入、民族之间的宗教历史积怨等等，都可能成为国族的巨大破坏性因素。但无论如何，主体民族建立的强大国家具有的政治、经济和意识形态实力，始终具有突出的作用。

（三）宗教民族主义与国族建构冲突

宗教民族主义（Religious Nationalism）已成为世界政治舞台上的重要现象，本书所描述的巴基斯坦和波斯尼亚国族认同构建研究，或者是借助于宗教民族主义，或者受到宗教民族主义的冲击。

一般而言，宗教与民族存在着内在的冲突：宗教注重普世以及超越种族、民族差异，民族主义则强调不同民族/国家在地域、语言、人种和历史文化等方面独一无二的特殊性；宗教的目的是信徒在彼岸的救赎和永生，而民族主义则关注成员现世的安全与福利；宗教注重超越世俗，实现信徒与神合一，民族主义满足人的现实需要。

但是到20世纪后期，伊斯兰民族主义、印度教民族主义都实现了民族主义和宗教的结合，出现了宗教与民族主义结合的宗教民族主义。这两者能实现结合，是由于两者存在着共融的特征，主要体现为三个方面："宗教与民族主义都包含着强烈的自我意识，都强调对超个人力量的忠诚和敬畏，并以个人与超个人存在（神或民族/国家）之间的关系为标准，把人群划分为'我'和'非我'"；"从结构来看，对于神和民族/国家的信仰和感情，是一条无形而强大的纽带，跨越时间和空间的距离，有效地把许多分散的个人连接起来，组成信徒共同体或民族/国家共同体。其成员在世俗生活的方方面面可能都完全不同，他们的居住地可能相距甚远，但他们可以通过同一个神或民族/国家而惺惺相”;“宗教和民族主义在促成社会整合，解释行为和目标使之具有合法性以及社会动员方面都具有相似的功能，都对社会政治生活和秩序有巨大的建构或解构潜能”。①

宗教民族主义对国族构建的作用具有多重意义。在这里，宗教民族主义仍然是服从于政治需要的。

如果主体民族采取宗教民族主义态度，那么很容易造成国族结构中的少数族群有被同化感，形成民族分离主义运动、宗教组织分裂或宗教—民族的多重分裂。

如果主体民族采取宗教宽容政策，而国族结构中的少数族裔采取宗教民族主义政策，必然形成争夺主导权或分离权的运动，促使主体民族运用国家力量来打压宗教民族主义，迫使宗教民族主义族裔实行恐怖主义策略。

在这两种条件下，无论从国族构建，还是政府的稳定来说，宗教民族主义都是一种威胁。在民族主义的发生学中，民族主义依靠民族意识将社会区分为“自我”(Self)和“他者”(Other)。在拥有国家政权的情况下，通过专门的体制维护国家利益；在没有国家政权组织的情况下，通过政党、社团、宗教组织和军事组织参与政治、反抗政治或从事恐怖活动。

其一，民族主义依托宗教形成有组织活动。在宗教信仰或民族意识的范畴内，单纯的身份或认同本身并不直接产生行动，但由于宗教、民族认同可以作为社会纽带将分散的社会成员凝聚在一起，并依托宗教日常的组织、聚会开展活动，有助于宗教+民族成员被动员起来，以集体形式形成运动。

---

① 钱雪梅：《宗教民族主义探析》，《民族研究》，2013年第2期。

其二，民族主义提供运动的基础，而宗教由于其普世性的意识形态则给民族主义提供政治治理的替代性方案。前者提供反抗的“被迫害”基础，而后者关注“如何建立”的将来时。宗教信徒与民族/国家成员的交集，使得该群体既获得了现实价值，也提供了未来的规划蓝图。

其三，宗教给民族主义提供国际合法性外衣。由于宗教民族主义不仅仅是一种民族主义，还是一种跨越边界的意识形态。因此，宗教民族主义活动轻而易举就能获得国际宗教信徒的支持，使民族主义跨越自身，形成声势浩大的国际支援，成为国际运动。

这三点决定了不受政权控制宗教民族主义脱离了国族构建的轨道，容易成为国家政权的有力制约者。在相当多的条件下，宗教民族主义运动成为政权的威胁并发展成为极端运动。

第七章
政治形象传播与合法性资源的稳定性

政治形象根本上是一种文化问题。一些文化是促进合法性优化的，但是有一些文化现象则是损害合法性的。本章举出旅游、谣言两种案例来说明该问题。

第一节　旅游通过国际关系对目的国政治的一般性影响

旅游通常被认为是一种舒适的休闲活动，在一些研究者的讨论中，旅游被完全限制在刺激经济举措的范畴。然而，本质而言，旅游乃是对人异化劳动的某种解放，正是过度劳动，使公民的时间被生产所占据，而随着劳动生产率的提高、人权的改善，劳动者自由支配业余时间的增多，旅游逐渐向服务于人性的本质回归。国外政治学界在20世纪60年代，就提出了旅游政治学的概念。但是中国国内对旅游与政治、外交以及国际关系的研究，起步较晚，成果较少。本书试图就旅游通过国际关系对合法性建构与解构过程施加影响进行初步的讨论，以引起学界的注意。

一、问题的提出

维系和增进合法性，是一个国家的政府维护自身存在和延续的重要内容。旅游通过国际关系来对政治施加影响力，对一个国家的稳定和发展至关重要，也对其外交和国际关系具有一定影响力。2010 年发生的“8·23 菲律宾劫持香港游客事件”里菲方的蛮横态度，香港特区与其交涉并引发对其制裁，影响到中菲关系的发展。

旅游偏重个体感受，而国际关系主要是群体或虚拟化个体：国际组织、国家、非政府组织、政治人物，旅游通过国际关系对政治产生影响力，主要是由于在国际关系交往中，游客已经不单纯是一个独立的自然人，而是受国际关系准则的管理与干涉，因而成为国际人。一方面，国家会有意识地设置一些爱国主义教育基地，进行特殊的意识形态教育；另一方面，国家也采取某种对外国游客开放的措施来达到政治目的。如 2009 年、2011 年，中国邀请一些海外媒体到西藏参观旅行，目的就是使国际媒体能够了解到真实的西藏发展情况。

随着国家间交往的频繁，旅游成为各国人民相互交往的重要方式。但是通过国际关系，旅游也对政治产生着重要而长期性的影响。以上提出了重要的问题：旅游如何在国际关系中影响到目的国的政治，这种潜在的文化干预特点如何？

二、旅游施加政治影响的主体

旅游对一个国家国内政治产生影响，首先是基于通过旅游受惠的人群，形成了一定的旅游得利集团。而通过国际关系来影响外国旅游者，也是非常重要的渠道。可以说，国内的旅行者影响国内政治，是一个重要的问题，但不是本书讨论的问题。

旅游者的身份、行为关系国家的形象与世界地位。作为旅行者的附件社会身份，具有决定性的政治意义。一是影响政治与国际关系的重要人物。例如政治家、记者、知名知识分子等公众人物。中国的兵马俑、长城、天安门、桂林，都是国外政治家来华顺道旅游的重要目的地。二是普通人。普通人的集体行为、特殊行为以及相关性行为，都会影响到政治与国际关系。

行为方面，主要体现于三个方面：目的国如何对待外国的旅游者；外国如何对待目的国的旅游者；其他国家的旅游者在目的国如何表现。第一个方面体现在旅游法的政策性规定以及目的国民间力量如何应对旅游者。第二个方面是对待某个特殊国家的旅游者，国际社会或多个国家是否具有一定的文化影响举措。第三个方面是外国游客自身是如何表现的。例如一些官员通过旅行的方式躲避国内司法，形成国际事件，从而影响到国家间旅游协议的谈判。

三、发挥作用的渠道

旅游通过国际关系对国内政治的建构或解构发挥影响的渠道是多元的。但是可以观察到的渠道主要有以下几个方面：

（一）旅游通过影响国家形象来影响政治议程

2014 年 2 月，北京市连续七天的雾霾被列入维容旅游（wikitravel）的全球旅游警告，与委内瑞拉示威，乌克兰、克什米尔、耶路撒冷冲突并列。该事件影响了北京创建世界旅游城市的形象，直接影响到 2014 年春季中国两会的议题。

（二）旅游通过改变世界观来影响政治进程和方向

旅游通过国家间人员的往来和相互交往，改变人们对另外一个国家的观点和看法，从而反过来影响本国政府的行政和决策。如在中国改革开放的初期，很多人认为西方的人民仍然生活在“水深火热”之中，但是通过出国旅行，这些人改变了看法。又如有一些政治家通过出国考察，回国后支持国内的改革议题，促进了国内政策的顺利实施。

（三）旅游通过国际文化交流的民间外交方式，改变双方的印象，从而推动外交事业的发展

20世纪70年代中国和美国的“乒乓外交”，开启了中美建交的大门。20世纪五六十年代，苏联大量地邀请西方的知识分子、记者访问苏联，通过安排其行程力图使这些人形成对苏联的良好印象并返回本国来发挥正面影响力，以改变当时苏联面临的国际处境。

(四) 旅游通过国际经济贸易来影响政府的施政

旅游者是一个消费者，具有高消费能力的消费者是拉动目的国经济的争取对象。西方国家的高档消费品市场争相对中国游客开放，也是在于中国游客庞大的消费能力。2013年上半年中国内地赴泰国游客突破百万，达到112.4万人次，中国首次成为泰国最大旅游客源国；与此同时，一些中国游客的不良行为，也给泰国人留下了负面印象。2014年2月，泰国普吉岛国际机场两拨中国游客因为在即将起飞的飞机上发生争执并打架，成为国际新闻的热点。泰国的一些旅游热点地区，提出了对中国游客额外收取费用的政策性建议，意图限制中国游客。2014年2月，埃及极端组织“耶路撒冷支持者”在造成三名韩国人和一名埃及人遇难之后，在互联网威胁对外国游客发动更多袭击，目的就是破坏作为重要支柱的旅游经济，向政府施加压力。

(五) 旅游者在目的国所接受的待遇，关系到目的国的世界形象与对外关系

例如俄罗斯“光头党”袭击外国游客就是排外和不友好的表现，影响俄罗斯的国家形象；2013年印度屡次发生性侵外国女游客的事件，使其背负了恶名。

三、旅游通过国际关系影响政治的若干特点

在政治议题的设置和去除面前，旅游具有工具特性，而不是服务于人的本身需求。在设置政治合法性的建构和解构的议

程上，旅游始终带有手段的色彩。具体而言，旅游影响合法性的特点主要有：

隐蔽性。旅游对政治的影响通常是润物细无声的。多数人对于旅游的关注，通常关注其乐趣和美学的一面，而对于隐藏在表象之后的工具特征，却较少去论及。

间接性。旅游对政治合法性发挥影响，通常是一种间接的渠道，即要通过中介来对政治发挥作用。例如一个国家的旅游设施糟糕，是通过影响旅游者的政治观感从而通过人们的政治参与来影响合法性的。

长期性。旅游的本性是文化，文化对政治的建构或解构，通常有一个长期的过程。这个过程的影响通常难以度量，只有通过长时段的积累，才能彰显并为观察者所了解。较为清晰的案例能够被媒体所报道，通常是某个特殊事件的激发和促动。

混合性。旅游既体现了个体对于某种景观的感受，也带有集体聚合的特性。既有作为国际政治特殊个体的政治家、知名记者、著名知识分子通过发挥职业影响力来对目的国的政治合法性产生影响，也会通过旅游者的群体性活动或特殊性质的活动来参与政治。

差异性。旅游在不同的个体身份对政治发挥的效力也是不同的。例如一个普通旅游者参观瑞典的感受，与一个国家直接参与大政方针的政治家参观西方发达国家之后对政治的影响是显著不同的。旅游交流产生的政治对比，能够摧毁一个国家的宣传，也足以破坏一个政权原有的意识形态自信。

四、旅游与政治关系的启迪

旅游人通常是一种工具，而不是政治的目的。但是政治的最高尚目的，却是使每个公民获得不加入目的性的自由旅游。

一方面，旅游在国际政治中容易成为隐形的国家间较量的手段。旅游目标是传达一种正面的信息，这个信息通常是被人为塑造好的。旅游公共外交的本质是通过美的事物改变或巩固人对国际关系本体的印象，从而改变世界观，是旅游设置者隐性行使权力的一种方式。《桃花源记》传递的是一种积极的理想主义信息，是一种世界观。格瓦拉就是青年时代去美洲旅行，看到贫苦人的疾苦才决心投身革命的。另一方面，到国外旅行也是一种政治斗争的策略。这一点重在沟通信息，还原真相。

因此，旅游通过国际关系发挥着对政治的独特作用，这种作用有目的国的真善美对客源国的改变，也包括意识形态信息的输出；既包括对政治的正面塑造，也可能结构政治的合法性。旅游可以作为一种政治手段影响国家间关系，也会通过国家间关系影响到国内政治。这些问题，需要研究者密切关注，并值得政府决策者深入研究并寻找对策。

第二节　谣言对合法性的损害

随着网络时代的到来，谣言越来越被公众所关注。一些政治谣言有着内在的精神联系，其本质就是将语言作为博弈的工具构建一个令国家合法性崩塌的社会。

在一个文字肆意的汪洋可以轻松绕过网络过滤的环境里，在一个对声望和权威放纵不查的话语权不平等的社会里，在一个政府无心争夺文化舆论民间阵地的权力无能型社会里，整个社会失去了对文字的耐心和对学术良心最起码的尊重，将仇恨丢失在无边的文字垃圾里不能自拔，而大众接受的，都是这些文字的垃圾和经不起推敲的事实。

也许，大部分人的目的就是利用整个文化传播的浮躁状态。他们明白：大众没有足够的时间和精力去考察和辨析每一篇文章的真实性，而大众阅读时代，每个人的阅读都带有随机性。因此，谣言一出，无论如何灭火，危害已经产生。这个定律足以说明，一个谣言的出现，无论它是否被澄清，但是危害在事实上已经发生，这是信息传播过程的不重复、不对等造成的。

最值得研究的现象并不是谣言不断地被制造和不断地腐蚀国家合法性的存在，它和病毒的不同之处在于，对于本身对文字有免疫能力的人群，他们能够辨别真假，但是对于绝大多数随机接受信息的人，他们没有一种专业的心态去追究每个问题的真实情况，因而实际上最容易将传播最广的谣言接受下来当作事实。

事实上，政治谣言本身的存在和传播，也存在着一群“自带干粮”的破坏者。这些破坏者由于公平、正义的消失和腐败而主动轻信一切的谣言，而且还会主动传播一切对国家合法性不利的谣言，像北宋时期的“斧光烛影”典故。公元976年10月19日夜，年仅50岁宋朝缔造者赵匡胤忽然驾崩，21日晋王赵光义即位，这就是太宗。政权的延续从赵光义开始一直以其子孙为皇位继承人，这个局面一直到了北宋灭亡南宋建立后，因宋高宗没有后代，所以才让宋太祖的七世孙赵慎接任。在接管政权的过程中，“斧光烛影”的因素一直存在并在民间产生了影响，宣称正是因为“斧光烛影”才导致金兵入侵。可见，民间的政治谣言在南宋初年，起到了损害赵光义子嗣继承权力合法性的问题。反过来思索当时各类政治谣言的目标指向，显然对于合法性起源于太宗的统治集团，迫不及待地以内部人员制造谣言为起点，以学者为引导者，以笃信学术权威的部分民众为自发传播者，以政府内不满体制的官员故意放纵为生存环境，并最终以真正学术智者的澄清和人民群众的自发抵制为传播边界，形成了一个谣言从“别有用心者的生产、在谣言接盘者之间进行职能分配、通过谣言中渗透的对国家不满和群众不满情绪接轨导致无边界流通、大众在对国家不满中娱乐消费”的“生产线”。在这个“生产线”中，谣言和反谣言根本不是在同一个水平线上较量，反谣言只是在一定程度上给谣言划定了边界，但是没有抵消谣言的影响。需要注意的是，大部分的政治谣言之所以能够流传，都是因为在政治谣言中渗透和添加了民众对现实不满的情绪因而使民众接受并流传谣言。

另外，即便政府内存在着头脑清晰的理性判断者，但是他们对于网络传播模式的不重视，使得正确的声音无法传播出去，使得人们在各种混乱中失去了对执政者的信任和信心。如果说，单纯一个问题的真相不会造成大的后果，但是通过全方位的谣言，就可以达到整体性的破坏效果，每个单一的谣言都不能起到破坏性的作用，但是批量谣言就可以起到水滴石穿的效果，而且即便不能一次性让每个公民接受所有谣言，但是每个公民只要接受其中的一到两个谣言而没有去辨别，就已经是巨大的影响了。这种谣言由于它综合了娱乐性、政治性、反现秩序性以及爆炸性于一体，更容易自发地在不明真实情况的群体中流传。部分有良心的、愿意追查事实真相的政府在这一点上的无能和不愿意插手，也助长了政治谣言对政治合法性肌体的腐蚀。指望网络生谣而由网络灭谣，其实已经中了政治谣言的圈套。

我们不能将所有民众都看成是一个有辨别能力的行为体，他们由于专业分工、兴趣、掌握材料、能力的差异不可能对每个政治谣言都做到理性的分析，当代文化又带有很强的“快餐”性质，海量的信息使得每个上网的人看待信息都如同过往云烟，但是那些印象深刻的信息会留下痕迹。政治谣言恰恰都符合这些特点，为了追求爆炸性，往往夸大其词。夸大其词这一手段是因为更快传播的需要，但是恰恰暴露了它的弱点，很容易让较真者看出问题。但是谣言制造者的根本指向目标，不是有分辨能力的学者或者追根究底的民众，而是享受快餐文化的普通人。而政治谣言能够把影响力施加到这一目标上，理性的分析澄清文章却不能，因为它们不具备快餐文化夸大其词、引起噱头的功能。

比如一个酱缸，往里面添了一辈子的水，但是有一天添个虫子，那么酱缸就全腐烂了。这是传播学战争所决定的。学者的100篇文章，传播范围全部累加起来不过几十万人，但是一两句谎言的传播范围则可能是几百万、几千万人，这种客观效果才是评价标准，而不是其本身对正面、负面言论付出劳动的自我比较。正是不去考虑客观影响和传播学效果，单纯去追求个人正负面行为的自我比较，才导致了学术界对一些事件肯定的荒谬逻辑。

归根结底，政治谣言通过传播学的战争，所要达到的目的，就是形成了一个崩塌型的社会，使民众对于制度、意识形态、文化的自信、信仰进入全面的怀疑、质疑、反对的负反馈进程。人们最容易达到的一个思想的里程碑事件，就是“我，什么都不信了，谁都不信了”。这种将政治的权威合法性不断地肢解、切割、解构的过程，正符合一个政权即将面临全面崩塌之前的处境。在这种情况下任何政府的文化建设性举措，都根本上立不起来，而损害性的文化则可以一泻千里。

事实上，传播战争典型地体现了“劣币驱逐良币”的法则。在铸币时代，当那些低于法定重量或者成色的铸币——“劣币”进入流通领域之后，人们就倾向于将那些足值货币——“良币”收藏起来。最后，良币将被驱逐，市场上流通的就只剩下劣币了。这种现象在现实生活中、官场上的腐败现象里都有所体现。而在舆论领域，鲜明地体现了谣言对澄清性言论的驱逐作用。

谣言是当代最为显著的政治现象，对于政治谣言其实是阶级斗争的一种最为鲜活的形式。然而谣言本身立足于传播学的某种规律，被反政府思维全面掌控，已经成为国家和民族文化阵地沦丧的典型性症候。而那些捍卫“斧光烛影”的政治自私者们，正在将自己推向万劫不复的愚蠢境地。

第八章
合法性资源危机与历史文献出现频率

历史文献是一种智力资源，在历史文献数据库中查询某一种历史文献出现的频率能反过来证实执政者面临的合法性危机。正是由于合法性危机而导致了执政者向历史中寻求合法性维系的资源。本章以恩格斯的《论权威》、刘安的《治安策》这一古一今的文献来论述合法性资源危机与历史文献出现频率关系。

第一节　马克思主义经典文献的杠杆作用

国家治理转型的合法性与马克思主义经典文献的关系，是一个具有现实意义的政治学问题。当代中国的国家治理理论注重从经典文献、历史资料中汲取灵感和合法性来源，一些对国家治理具有启迪意义的术语，如责任政府、法治政府、效能政府等都对国家治理的中观理论构建起到了正面建构作用。学术史也反复证明，某种文献一旦成为经典，其后的诠释文献（由之延伸的治理理论）往往也能随之获得经典的合法性。在国家治理转型的过程中，援引马克思主义经典文献，能够显著增强转型的合法性与权威性，增强对公众的号召力。由于经典文献的这个杠杆作用，在某些情况下，经典文献的出现频率能够成为国家治理转型的信号，成为研究中国国家治理转型历史过程的标志。本书以恩格斯《论权威》文献使用频率为样本，探讨中国国家治理模式四次转型的历史过程。本书在选取样本时，不以引用率为测评的工具，而以对《论权威》的专门解读文献为案例，体现专业性与科学性，更能够说明问题。

一、恩格斯《论权威》的意义与内容

某些马克思主义文献之所以能够成为国家治理转型历史过程的标志，是由其自身的内容和价值所决定的。一些文献从建国后较少见于政府文献引用，是有多种原因的，有的文献流传程度有限，有的文献过于专业，诸如此类。但是恩格斯的《论权威》无疑具有重要的文献价值，也具有重大的现实意义。

《论权威》写于1872年10月至1873年3月，发表在1873年12月意大利《1874年共和国年鉴》文集上。1871年，巴黎公社失败后，马克思和恩格斯主导的第一国际面临着德国的拉萨尔分子、法国的蒲鲁东分子、英国的工联主义者以及巴枯宁等无政府主义者的分裂活动。以马克思为首的第一国际总委员会岌岌可危，巴枯宁分子是其中的一支。巴枯宁无政府主义理论的核心是：主张个性绝对自由，反对一切国家和权威，宣称“个人绝对自由是整个人类发展的最高目的”。马克思领导的第一国际总委员会在理论上对巴枯宁无政府主义思潮进行了批判。马克思、恩格斯为此写了一系列文章，并同德国、丹麦、意大利、西班牙、瑞士、美国的第一国际的活动家多人通信［如《马克思致保·拉法格》《马克思致弗·波尔特》《恩格斯致保·拉法格》《恩格斯致卡·特尔察吉》《恩格斯致泰·库诺》（见《马克思恩格斯选集》第4卷，第382—406页）等］，《论权威》就是在这样的背景下写的。

从文本角度看，《论权威》的中译本全文共2403个字，大致是《人民日报》1—2篇评论员文章的篇幅。1978年5月11日，《光明日报》刊登题为《实践是检验真理的唯一标准》的特约评论员文章，该文章字数达6318字，是恩格斯《论权威》全文字数的约3倍。

从关键词出现的频率看，“权威”这个词出现了36次，“社会”15次，“我们”13次，“革命”6次，“服从”6次，“工业”5次，“自治”5次。

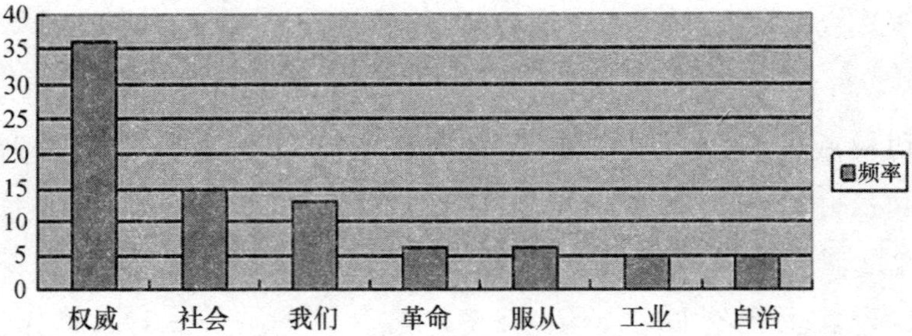

图8—1　关键词出现的频率

这些数据在今天具有十分重要的意义。年代的久远通常意味着与当代相距较远，要论述该文的现实意义需要重新诠释。一个权威性的论文需要诠释的时候，自然就出现了谁的解释最权威、是不是谁都可以来解释、如何来解释等一系列的问题。字数也不是可有可无的。众所周知，当代一篇严肃的学术论文，至少需要1万字左右的规模。如果我们从学术史的价值上进行评估的话，自然会考虑《论权威》的关键词究竟是什么，根据统计以下的术语被使用最为频繁“权威”“社会”“我们”“革命”“服从”“工业”“自治”等词语。如果用一句话来贯穿这些关键词，大致可以串成这样的一句话“由于大工业特别是革命的需要，我们认为社会应当一定程度放弃自治，服从权威”。

这大概是恩格斯《论权威》的“线索”。其中出现较多的名词“我们”有着明确的指向性，界定了争论的内部属性，是“我们的争论”。文章开头的第一句话就是“有些社会主义者”，注意这个定义本身就意味着恩格斯并未预设这些人就是“反动派”。文章中多次出现的“我们”意味着这篇文章带有内部争论的性质。

从内容上看，恩格斯《论权威》比较详细地分析了权威的实质，论证了权威在社会生活中的作用，阐明了确立无产阶级政治权威的必要性和权威与自治的辩证关系等问题。其基本结构可以大致描述为“立一个靶子，进行两次推论”。（1）“靶子”方面，无政府主义者把权威原则宣布为绝对坏的东西，反对一切权威的观点。该文的目的性非常明确，是为了批判巴枯宁及其追随者的无政府主义和反权威主义，从理论上武装正在组织工人政党的无产阶级。（2）从经济决定论的角度出发，首先论证权威的产生是社会经济的发展所决定的。恩格斯首先解释了权威概念的一般含义，他指出：“这里所说的权威，指把别人的意志强加于我们；另一方面，权威又是以服从为前提的。”也就是说权威是指把一部人的意志强加给另一部分人，而后者必须服从前者。没有服从，便没有权威。由于权威所具有的“意志强加”和“服从”关系，让那些主张绝对自由的人难以接受，他们希望在现代社会的既有条件下创造出一种没有权威的社会制度。比如巴枯宁主义者就认为，在社会主义社会已经不需要权威，因为生产者可以实现企业中的自治。恩格斯认为这个观点是错误的，他指出从经济方面来说，不论社会制度如何，在产品的生产和流通赖以进行的物质条件下，权威都是必需的。随着大工业和大农业的发展，生产和流通的物质条件进一步复杂化，这种权威的范围，还趋向于扩大。（3）从经济延伸到政治领域，认为无产阶级必须建立自己的政治权威。恩格斯指出，从政治方面来说，政治国家和政治权威将会消失，但这必须以废除它们所由产生的社会关系为前提。为此就必须进行无产阶级革命，而革命则是天下最权威的东西。（4）在政治领域的不同方向上，两者看似矛盾。权威与自治是相对的，它们的应用范围是随着社会发展阶段的不同而改变的。

因此，从逻辑关系上看，恩格斯《论权威》是符合经济决定政治理论的逻辑规范的。

需要注意的是，关于《论权威》文章的逻辑关系，有王文、邢福义等学者的专文进行了分析。本书认为对《论权威》文章内容分析水平最高的，是隋学礼在《马克思主义研究》上发表的《马克思恩格斯论权威本质及其现实意义》一文。这里不再赘述。

二、《论权威》的当代价值

恩格斯的《论权威》发表以后，并没有终止关于权威和自治的争论，更没有结束在苏联、东欧等国家形成的“专制”局面而形成的对《论权威》的确认性“否定”。大体上对于这篇文章的批评，主要集中于政治领域。例如：有的人认为《论权威》“共产党人因受其组织政权方法的驱使”，因而“侵犯了个人权利和国家主权的完整”；[①] 还有的观点辅证以恩格斯1883年给倍倍尔的信中提及的“党的现行纪律，少数必须服从多数”来认为马克思、恩格斯是侵犯少数人的自由而忽视了保护少数……诸如此类，不一而足。从总体来看，相当数量的文章是从共产主义和共产党的批判者角度来审视《论权威》的，因此自然也不会有好的评价。

除了政治立场上的问题外（这一点经常体现为“公说公有

① 罗斯托：《经济成长的阶段》，商务印书馆，1962年版。

理，婆说婆有理”，或者是一种民主，两派各表；过去无休止地争论，现在也将无休止地争论下去），从学术的角度来审视的批评，是值得进一步讨论的。这一点可以看作无关政治，集中起来主要有以下的几点：

（一）定义是否准确

对恩格斯《论权威》批评最多的是认为恩格斯混淆了暴力、权力、权威三个概念。恩格斯说：“革命无疑是天下最权威的东西。革命就是一部分人用枪杆、刺刀、大炮，即用非常权威的手段强迫另一部分人接受自己的意志。”在这里是指暴力专政。有批评者认为，恩格斯这里所说的“权威”已经不是权威，也不是权力。权力是一种制度化、程序化、合法化的强制力；暴力是一种非制度化、非程序化、非法的强制力；权威是一种自由化、人性化、人们心甘情愿服从的力量。举例说明三者的区别：民主制度下美国总统奥巴马的命令就是“权力”，如果他的命令违宪被最高法院或国会驳回，而他却要强制人们执行其命令，此时，他总统权力就变成了“暴力”，面临被弹劾的危险。很显然，宗教牧师的号召力是一种权威，企业经理的号召力是一种制度化的权力，而“革命”却是一种暴力①。如果说这个批评是“成立”的话，那么恩格斯显然在一篇文章里偷换了多个概念。我们上面说过，恩格斯的《论权威》的“权威”出现过36次，频率很高。如果这些相当的词语不是同一种内涵，那么就很成问题。但是笔者认为这个批评基本上是不成立的。因为在这段话中，“权威”变成了形容词，是一种对“革命”的修饰语：“最权威的东西”“非常权威的手段”。形容词本身是一种虚拟化的表达方式，并不是名词意义上的严肃概

① http：//club. kdnet. net/dispbbs. asp？ id = 2933531&boardid = 1&page = 2&uid = &usernames = &userids = &action.

念和术语。

但是正如本文前面所言的，恩格斯的文章只有很短的2000余字，从学术规范而言，只是粗浅地提出权威的含义，并没有对内涵、外延做严格的界定。因此缺陷也是很明显、很明确的。关键就是，把握这个问题的“度”在何处。

（二）“权威”这个现象是偶然的，还是必然的；是绝对的，还是相对的

这个问题意义也是不容忽略的。我们注意到，恩格斯认为，“劳动者们首先必须商定劳动时间；而劳动时间一经确定，大家就要毫无例外地一律遵守。其次，在每个车间里，时时都会发生有关生产过程，材料分配等局部问题，要求马上解决，否则整个生产就会立刻停顿下来。不管这些问题是怎样解决的，是根据领导各该劳动部门的代表的决定来解决的呢，还是在可能情况下用多数表决的办法来解决，个别人的意志总是要表现服从，这就是说，问题是靠权威来解决的。”（恩格斯《论权威》，人民出版社）这段话里有两个问题一向被研究者所忽略：第一是在遵守劳动时间之前，有一个集体“商定”的时间，也就是先民主而后权威；第二是在应对紧急问题时，要采取“权威”手段。我们可以把商定劳动时间作为一种较大层次的制度性设计，而应对“时时都会发生”的日常重要过程，视为一种在民主授权下具体行政过程中的权威实施、应用。从经济的角度来看，这个是成立的。也就是说，在工业活动中，不允许有太多的自由，否则企业无法正常运转。

但，是不是一定就能从经济组织的这个规律中引申出政治与社会要实施该方式，笔者认为并不存在着逻辑上的必然关系。如果是夺取政权的政党，如沙俄时期的布尔什维克党，要求是威权主义的，要求严密的组织、严格的纪律、统一的认识、统一的行动、集中的领导。但是在和平时期，社会日趋多元，如果还采取“权威”的方式处理一切日常事务，那就走向了另外一个极端：“革命导致新的专制”的情况。因此，将“权威”原则按照恩格斯的原意严格限定在“大工业活动”“革命”等领域是必要的。

结合恩格斯的《自然辩证法》，马、恩两人都有一种倾向，就是从经济的客观规律中自然引发出社会制度的建造方案，认为生产力基础上有必然要求一定与之适应的生产关系与上层建筑。因此，按照恩格斯的逻辑：权威在社会大生产条件下，有其必然性。但是如果不存在社会大生产，那么权威的必要性就要重新考虑。事实上，随着全球化的发展，要求工厂活动中每个工人都螺丝钉式劳动的方式正在趋于消失，也被视为落后的生产方式。在发达国家，工人们采取的创造性的知识创造，形成的是知识经济。知识经济强调少数人的智力创造自由形成不断更新的产品，因此《论权威》认为权威随着大生产的条件必然存在的结论需要重新考虑和研究。

因此有的人说，恩格斯《论权威》“（一）权威原则是社会生活中决不可缺少的；（二）权威原则随着社会发展的不同阶段而有不同的形态；（三）权威原则将随社会大生产的发展而扩大其作用的范围。社会主义社会是最有组织的社会，也就是最有权威的社会……”这个观点显然符合苏联的体制实际，但却否定了恩格斯设定的一系列前提。

（三）恩格斯的“权威”的本质究竟是什么

有的人将恩格斯的“权威”界定为暴力。这个是错误的。恩格斯说权威的“前提”是“服从”。那么，“服从”本身并不意味着暴力。服从也有自愿服从，也有被迫服从。注意恩格斯说：“这里所说的权威，是指把别人的意志强加于我们；另一方面，权威又是以服从为前提的。”因此，单纯说权威就是“把别人的意志强加于我们”这个行为主体“我者”所采取的行为体现的是异于主体意志力的“他者”意志，只说对了一半，因为恩格斯立即补充上一句“服从为前提”。也就是说，一方面是“异于本人意志”，另外一方面是“服从”。那么这个“强迫性的接受”就是一部分人无理由的强制另外一部分人接受吗？非也。恩格斯的潜台词是该种权威来自社会大生产所决定的自然、客观性。在这个基础上，体现了先进生产力基础的“革命者”，由于体现了生产力的客观必然性，“强迫”另一部分人接受他们的意志。我们需要了解的是，恩格斯《论权威》实际上是把权威客观化了。

以上的一些批评性意见主要集中于中国的学者。由于意识形态的问题，西方马克思主义在研究马克思和恩格斯“观点分歧”的视野下，得出了恩格斯比马克思更多一些“民主和自由”理念的观点。这些都是值得进一步研究和辩驳的。

三、《论权威》的杠杆作用与中国国家治理模式四次转型

《论权威》发表后的100多年间，学习者、解读者总是比严肃的研究者更多。也就是说，迄今为止的多数所谓《论权威》的研究，读后感居多，而在论文中加以引用的，也是出于各式各样的不同目的。

本书对《论权威》读后感式的论文出现频次做了统计。本书选择了中国期刊网（CNKI）作为案例，在检索框内输入“篇名”+“论权威”+“读”。检索结果如下：

1957	1958	1977	1980	1985	1984	1994	1995	2006	2013
1	1	2	1	1	2	1	1	2	1

需要注意的是，《论权威》以学习、解读名义并不是每年都有的，而是呈现每隔一段时间就出现的“波状”形态。由近及远推论是：

第一个时间段：2012—2013 年；

第二个时间段：1994—1995 年；

第三个时间段：1977—1984 年；

第四个时间段：1957—1958 年。

由于学术界一向有跟着政治走，紧盯时局的特点，因此可以认定，每当学术刊物上强调《论权威》学习的时候，是政治或经济领域“权威”字样上升时期。

为了进一步验证这个观点，本书引用钱刚《10 个关键词语里的十八大》里的一个数据表格：

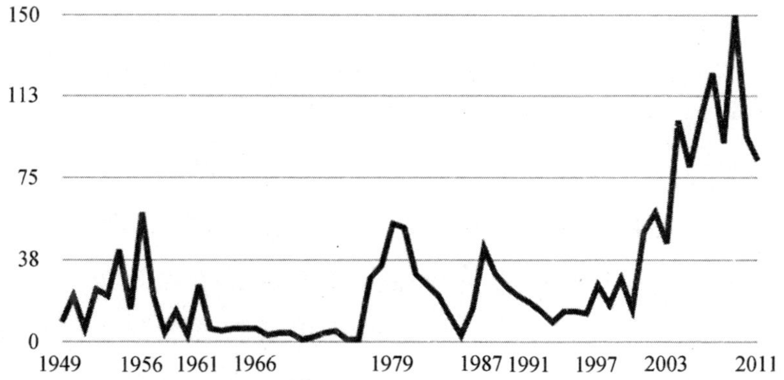

图 8—2　《人民日报》上出现“党内民主”关键词的篇数

可以看出，《人民日报》上有关“党内民主”关键词曲线变化非常大的几个时期是：2000—2011 年、1991—1995 年、1979—1987 年、1956—1958 年。而我们所说的《论权威》被学习、被强调的四个时间段正好处于这四个时间曲线内。也就是说，《论权威》的学习、研究逐渐成为国家治理的教育手段。

四、对国家治理的启示

一定理论只是一定现实的反映，是实时历史的重要扩展，现实发生重要变革时，其理论内核将按照奥卡姆剃刀的原则发生转移，原有的理论结构体系将进行重构、再建。根据以上的研究，可以看出，中国国家治理的过程中，一些经典文献担当了重要的角色。

对国家治理而言，需要运用经典文献增强其政策制定、贯彻和鉴定的合法性。马克思主义的诠释学认为，对文本的理解，包含对原意的理解，创造性发挥（视界融合）和创造性运用、证实等三个层次。施莱尔马赫认为“理解是移情”，海德格尔也认为“理解就是解释”，尽管在国家治理过程中，经典文献显得与过去的语境有所脱离，但是鉴于马克思主义真理的普遍特性，某些经典文献仍然具有现实的价值和启迪，解读和使用它们能够显著增强政策的合法性。

对国家治理决策中产生的不同思路和分歧，经典文献的相对集中，能够提供国家治理过程中“凝聚共识”的功能。

在国家治理过程中，采用经典文献能够增强政策、措施的政治性。在一些教材中，引用了经典作家对有关问题的论述和讲话，或者许多语句就是直接来自党和国家的有关文件。这样的做法能够更好地突出政治性，使经典文献对党和政府、对党员干部发挥的作用更加突出。

经典文献构成了国家治理的一个过程，因而能够成为测量和研究的指标。一些政策在酝酿、出台的过程中，使用经典文献成为经常使用的方法。本书对恩格斯《论权威》的分析可以看出，经典文献的引用与说明，是国家治理的一个重要的说服、解释手段，因而能够成为中国国家治理历次转型重要的测量和研究指标。

当然，在经典文献发挥国家治理杠杆作用的机制中，要防止曲解和片面理解马克思主义作家的经典著作，注意全面性、准确性和正确性。改革开放以来，学术界对经典作家的著作讨论和研究表现出了较大的热忱，但一些不规范和曲解现象也频繁发生。总的来说，国家治理过程中对经典文献的使用要谨慎和符合学术规范，反过来从国家治理过程的历史进程来看，经典文献能够成为研究政治史和治理进程的一个重要指标，这一点需要引起马克思主义政治学研究者的注意。

第二节　以政治合法性理论分析《治安策》影响力周期①

一、政治合法性

政治合法性（political legitimacy）是政治学的基础概念，也是核心概念之一，即政府实施正当统治并且被社会民众所认可与拥护。换言之，一政府实施的统治是否被公民视为合理与符合道义，是衡量该政府政治是否具有合法性的标准。如果大多数民众认可政府的统治，认为其具有正当性，那政府便具有合法性，民众会自觉服从政府的统治。政府统治期间即使出现一定的抵触，也大多是民众要求改革或统治阶级自上而下进行改良，并不会危及到统治的根基，政权稳固；反之，当大多数民众认为政府统治不合理，进而不再认可与忠于政府统治的时候，则出现合法性危机，当危机由量变扩大到质变时，政府不再具有合法性，则当前政府统治根基动摇，旧政府有可能被推翻，

① 本部分为作者指导的北京第二外国语学院2016届国际关系与国际事务专业本科生张江林毕业论文《以政治合法性理论分析<治安策>影响力周期》的一部分。经作者同意收录在此作为验证案例。

民众通过自下而上的暴力革命等再建立具有政治合法性的新政府。

根据马克斯·韦伯的社会和经济组织理论①，合法性主要有三种类型：一种是对古老传统进行传承的传统权威模式，例如中国古代宗法制为基础的嫡长子继承制政权；另一种是以服从领导者个人品质与特质为基础的魅力权威模式，例如某些宗教国家政权；第三种是建立在法律规章等明文规约基础上的法理权威模式，是现代社会政治合法性的主要形式。那么政治合法性为何能用于分析《治安策》出现的历史频率，原因在于每个政权为了维护自己的统治，都需要从历史中寻求资源。

（一）政治合法性与历史资源

合法性生命周期，是指"合法性"有生长、成熟、衰弱、再生和崩溃的生命周期②。对某个朝代或政权而言，可以使用众多的合法性资源，但这些合法性资源都有其生命周期。通常在朝代的草创期，对前朝的否定是合法性资源，而到了朝代复兴的中期，前朝带来的痛苦记忆已经难以强有力地维护人们对现政权的忠诚，而只能起到辅助作用。现政权不得不寻找经济建设、驱逐外患等其他的资源。在这种情况下，历史文献本身就可以成为维护合法性的工具，在历史发展中不断被提起和强调。

（二）政治合法性周期与《治安策》

《治安策》在西汉的出现有其历史的必然性，但在西汉时期，其维护西汉政权合法性的任务已经完成。那么作为一种历史借鉴面貌出现在西汉以后的时代，就带有了历史思想资源的

---

① Max Weber：*Wirtschaft und Gesellschaft*（*Economy and Society*：*An Outline of Interpretive Sociology*），köln，1956，第1021页及后页。

② 徐亮：《合法性像生命一样是有周期的》，2015年9月23日，共识网，http：//www.21ccom.net/articles/world/bjzd/20150923129152.html。

特性，也就是上文所论及的合法性周期寻求历史资源的问题。

第一，本书假设，每当中国古代政权面临着内忧外患，《治安策》都会被当时的官方文献所提及。这个假设并不是可有可无的，它主要是反过来论证了《治安策》的历史地位，并不是历史上的所有的文献都能获得如此崇高的地位。这种证明方法显然是一种实证的研究方法。

第二，在这个假设的基础上，本书认为，《治安策》在中国历史典籍中呈现周期性的频率，原因是现实政治的需要。既然如此，《治安策》具有重要价值，而且现实政治又有需要，自然会呈现一个周期性的分布状况。这个周期性出现的分布状况是和该时期政治合法性危机相吻合的。

第三，既然《治安策》对中国古代各个历史时代的治理危机都有借鉴作用，那么《治安策》对当代国家治理与外交关系的发展，也具有重要的借鉴意义。

以上三个方面构成了《治安策》研究的理论基础。在论述理论与案例关系之前，本书将首先对《治安策》的本体进行基础性的分析工作。

二、《治安策》本体研究

（一）《治安策》产生的时代背景

西汉前期社会存在着三大矛盾：其一是以匈奴为代表的边境少数民族与汉朝之间的矛盾；其二是地方诸侯王的割据势力与中央政府之间的矛盾；其三是广大农民和地主、大工商业者的矛盾。汉文帝时期，天下大势已定，这些社会矛盾虽然尚未激化到即将公开破裂的程度，但却在酝酿并渐趋于激化的过程之中。

《汉书·贾谊传》记载："是时，匈奴强，侵边。天下初定，制度疏阔。诸侯王僭拟，地过古制，淮南、济北王皆为逆诛。"[①] 这一时期，匈奴强盛，常侵犯汉朝边疆；汉朝刚刚建立，法规制度粗疏而不严明；诸侯王超越本身的权力范围，导致中央与地方权利不平衡，虽然汉初镇压韩信、英布、陈豨等诸侯的叛乱，沉重地打击了异姓诸侯王的割据势力，但到汉文帝时，同姓诸侯王的封地仍然很大，力量很强，直接威胁着西汉中央朝廷的安全，淮南王、济北王都因为谋反而被诛灭。

西汉文帝六年（公元前174年），文帝征见贾谊，后拜其为梁怀王太傅，多次向其征求治国方略，[②] 贾谊亦多次上书陈述政事，对文帝时期诸侯王割据纷争、制度疏阔、匈奴不断侵边犯扰等问题进行深入剖析，后由班固整理收入《汉书·贾谊传》中，成为《陈政事疏》，即后世所传《治安策》。

（二）《治安策》主要内容

1. 中心思想

贾谊在策论开篇提出国家安定的标准应该是诸侯遵循自己职责与本分，国家没有战争侵扰，民众自觉拥戴首领，匈奴蛮夷归顺朝廷并按时纳贡，天下四野充斥着淳朴的风气，乡民百姓生活恬然朴素，偷盗乱贼不作，官司刑狱不发。针对汉初面临的"本末舛逆，首尾衡决，国制抢攘，非甚有纪"[③] 的社会问题，贾谊提出了自己"痛哭者一、流涕者二、长太息者六"的忧虑。又分别将国家面临的问题和提出的解决办法逐一陈述。《治安策》全篇主要阐述了以下五个问题。

（1）诸侯国问题

贾谊针对诸侯国立地自封，对君主造成威胁的问题进行了深入分析。他认为诸侯国过于强大，必然会与中央相互猜疑，

① （汉）班固：《汉书·贾谊传》，中华书局，1962年版，第1728页。
② 《史记·屈原贾生列传》，中华书局，1982年版，第2504页。
③ （汉）班固：《汉书·贾谊传》，中华书局，1962年版，第1733页。

进而有造成巨大威胁的隐患。“亲者或亡分地以安天下，疏者或制大权以逼天子”，局势之危急可为之痛哭。强大诸侯并未蜂起是因为当时实力最强的若干诸侯国王年纪尚小，还受朝廷安置的太傅与丞相牵制。亟其及冠，到可以架空丞相、挥开太傅的时候，犯上作乱只是一念之间的事情。待到那时，封国兵强马壮，人心齐聚，朝廷想要镇压与收复便十分困难。

是时天下大势已定，但平静的表面之下难说是否暗流涌动。贾谊借黄帝所言“日中必熭，操刀必割”①，强调行治安之道的紧迫性。汉高祖面临的混乱年代中，与高祖并肩打出天下的淮阴侯、张敖、卢绾等，在天下一统后收到了高祖厚渥的封赏。但仅数年之后，反叛之事九作。而文帝面临的是高祖留下的太平盛世，然而文帝朝的诸侯王公，不论关系亲疏，文帝对其都未有亲加之恩，当其坐大封国基业之后，“虑无不帝制而天子自为者”。所以，有前朝诸侯叛乱之鉴，“疏者必危，亲者必乱”。而其中又以强大的诸侯国更加危险，实力越强大，犯上作乱的可能性越大。自古强者先反，这与亲侯个性相异有关，更是形势所趋下的必然。

对此贾谊提出，针对如今诸侯王的威胁，只用恩义仁厚是无法根治的，必须施行法制，运用权势，增加封侯的数量而削弱其实力。这样不仅保国安民，也会收到后世的称颂。

（2）尊王攘夷

汉王朝时的少数民族政策是和亲，贾谊对此十分反对。自周以来朝贡体系初现，一直都是汉民族政权接受少数民族的称臣与纳贡。到了文帝时期，汉朝反而要向少数民族按时缴纳岁币。贾谊认为，此种形式简直是一个倒悬的人，以首为足，以足为首。汉匈关系变成了大汉天子以帝王的称号向戎人行称臣

---

① 《六韬·文韬·守土》，《隋书·经籍志》，中华书局，1985年版，第23页。

之实，汉朝的威仪本应广播四方，如今却难以令区区百里外的蛮夷遵服。贾谊提出了尊王攘夷的想法，认为应当猎猛敌，搏反寇，让匈奴等蛮夷民族顺服于大汉；中央政权也不应满足于和亲带来的表面融合而不图大患，要树立威仪，德威远施。

（3）经制教化，移风易俗

文帝时期，歌女艺妓穿着用古王后衣饰所采布料做成的衣履，商人用古天子服饰的材料装饰墙壁，出现长幼无序、尊卑无差、以下犯上等贾谊认为是风俗败坏的事。此时，需要重修经制以教化民众，将败坏的风俗拉回正轨。秦朝统治者与变法者抛弃礼义仁惠，上行下效，导致民风偏向追名逐利，恭敬伦常尽失，不得不说也是秦二世而亡的推手之一。世风败坏而不加以框制，早晚会酿成祸患。

（4）太子之教

在中国古代以宗法制为基础的嫡长子继承制框架内，太子做为储君，是肩负未来治理天下重任的人。贾谊对比了夏商周三代治世数百年与而暴秦的13年而亡，提出了太子之教的重要性。太子能否成为一个好的储君，关键在于“早逾教”与“选左右”。从太子还是个幼儿起，就应该有精挑细选的三公三少伴其左右，保其身体无恙，传之道德正义，师之修养教训。故太子从诞生起，一直处于行坐正派的人的教育与影响之下，近朱者赤，自然会发展成为正直之士。到了适学年龄就入五学学习，其品德智慧并进，为之后继承王统打下基础。

（5）礼法之辩

“礼”是使人心中有道德规范，将不良之事禁于将然之前；相反，“法”是在不良之事发生后进行惩处，使人警醒不再犯。恩威并施，重礼法而适刑法，才能使世事安定。贾谊举例，商汤、周武以仁义礼乐定天下，恩泽四方，推及蛮夷，王位流传数十代；秦始皇重法令刑狱，轻罪重罚，天下憎斥，百姓怨怼，主张严刑峻法的变法者商鞅死于自己推行的法令之下，秦随后失却民心二世即亡。因此，贾谊认为礼法应协调，并且“礼不及庶人，刑不上大夫”。首先，君王宠信的官员即使犯罪也要避讳，因为其曾受礼遇与敬重，并且与天子距离颇近，可以针对其罪责进行免官、赐死，但不可辱其身份，让卑贱的人有机会责骂笞打他。这样既是有利于天下礼义的广颁，也利于推行廉耻，提倡礼义，让宠臣显贵保有节操。

2. 思想的传承

（1）董仲舒的传承

董仲舒继贾谊之后引领了汉代儒学的新变。针对贾谊提出的诸侯国的威胁、匈奴权力与地位的僭越问题，董仲舒提出“天人合一”与君权神授来论证君主的至高无上性，进一步又发展阴阳灾异学说，提倡谶纬神学，将君主的权力神话，从权力的来源论证君主权力的合法性——“天子受命于天，天下受命于天子”。如果天子顺应天命行事，天下皆服从于天子，处于天子的教化与威仪之下，则会风调雨顺，国泰民安；如果天子逆天而行，那就会出现不吉之兆来警告谴责，天下人也会脱离天子的管制，君不君，臣不臣，进而有害于社稷的长治久安。非常有力地论证了天子的正统地位。针对贾谊提出的风俗败坏、礼教缺失的问题，董仲舒提出“三纲五常”来限制尊卑，框定常序，限制民众过度的欲望，规定社会行为准则。“三纲”（君臣、父子、夫妻）规定了纵向的政治、人伦、社会的从属关系，“五常”（仁、义、礼、知、信）规范了横向的人与人之间的行为方式。于是编织出一张以儒家德治与礼义为基础的社会关系网络，通过对“三纲五常”的贯彻来达到移风易俗、保政安民的统治目的。董仲舒又将纲常理论与五行学说联系起来，使“三纲五常”也成为“天意”，从本质上保证了学说的合法合理，与君权神授论结合，成为巩固皇权合法性的重要手段。

（2）儒教的开端

自汉朝初期开始儒家思想发生新变，武帝采纳董仲舒“罢黜百家，独尊儒术”的建议后，儒家思想成为中国古代中央集权封建王朝的主流指导思想，独占鳌头成为“官学”，逐渐形成儒教。2000余年的封建王朝，其所依据的儒家思想其实已经不是春秋战国时期以孔孟、荀子为代表的哲学思想了，而是经过贾谊、董仲舒等变革的汉儒思想。中央集权与地方分权一直是中国古代中央集权国家政权无法避免的问题，如何削弱地方权力，强化中央集权，是以天子为首的历代中央政府孜孜不倦要解决的问题。历朝历代实行过各种各样的削藩政策，追本溯源，其实是贾谊在《治安策》中即提出可为之痛哭的危急局势。

历代政权更迭，不可避免会出现社会不治，民风浇薄，礼崩乐坏，制度疏阔。“三纲五常”理论一直是封建社会维持社会关系的准绳，贾谊所提的民风凋敝问题基本由此得以解决，后期经过宋儒改造，加之程朱理学将其狭隘化，禁锢了民众的思想与人的天性，在明清启蒙思想时代遭到大力批判，但其本质还是建立经制，维持社会秩序，教化下民。

汉民族以黄河流域为基础立足，与之政权并起的始终有来自各方的少数民族。在尊王攘夷、怀柔远人的政策之下，汉民族以自身为中心，逐渐在东亚大陆形成了独特的朝贡体系。“尊王攘夷”源于周天子从被尊为“天可汗”、受四方朝觐到分封制瓦解，诸侯并起、各据一方而权力被架空，是为了维护王权的至高无上。除去《治安策》中提及的猎猛敌而德远施、搏反寇而威远加之外，贾谊在《新书》中提出以“三表五饵”政策来防御北方匈奴，即以和平的手段瓦解少数民族的斗志，动摇其南侵的决心，为后世唐在面对契丹、突厥等民族时采用的羁縻政策，宋在面对辽、金、西夏等民族所采用的“互市”形式的政策打下了基础，提供了理论借鉴。给“夷”以利，招徕“远人”，从而达到控制少数民族的统治目的。

（三）《治安策》在西汉的实施

在贾谊拜为梁怀王太傅之后，文帝“数问以得失”①，十分受器重。贾谊亦鞠躬尽瘁，数次上疏言政事，鞭辟入里地分析西汉初期面临的诸侯、异族、教化、储君、礼制等问题，恳切劝诫文帝居安思危，针对问题提出可行的对策。其所提出的定礼制、地制的政策建议有利于分化诸侯势力，削弱诸侯王的实力，从而减弱他们对中央政权的威胁；其提出的华夷之辩，以“三表五饵”来使匈奴丧失斗志，耽于现状，从而不再与汉朝发生武力冲突，即用所谓“怀柔远人”方法使少数民族臣服于汉朝的管制之下；其提出的教化民风、礼法共治有利于社会治理，安定民心；其提出的太子教育问题提醒文帝对于储君不可松懈一丝一毫，天下系之于太子，太子系之于教育。汉文帝采纳了贾谊的部分谏议，用贾谊提出的补救方法进行天下治理，文帝时期便民康物阜，成为中国封建社会第一个盛世——文景之治的开端。

但是由于怀王坠马身亡，贾谊作为怀王太傅，深感没有尽到职责，辜负了皇帝的期望，忧郁自责过甚以至于年仅33岁便离世，故没有机会将自己提出的全部政议付诸实践。但有董仲舒随其身后，发展他的学说，融合阴阳五行而成一整套“天人合一”与君权神授的理论，针对贾谊提出的叹息者、痛恨者、长太息者，具体提出解决方法，用“天子受命于天”来论证君主权力的合法性，用纲常理论来巩固社会秩序，解决贾谊所忧虑的社会危机。

① 《史记·屈原贾生列传》，中华书局，1982年版，第2503页。

三、《治安策》影响分析

（一）《治安策》在中国历史上的收录与引用情况

1. 《治安策》在《四库全书》中被提及情况

《治安策》在《四国全书》中共被提及149次。按朝代与经、史、子、集四部划分，经部被提及12次，史部被提及5次，子部被提及38次，集部被提及88次。具体见表8—1。

表8—1 提及《治安策》的文献

朝代	部类			
	经	史	子	集
汉	/	班固《前汉书》	《新书》	/
宋	胡士行《胡氏尚书详解》	黄震《今古纪要》	《帝王经世图谱》、《古今事文类聚》、《记纂渊海》、《玉海》（南宋）、《黄氏日抄》（宋末）、《翰苑新书》2次	《苏魏公文集》、《山谷集》、《山谷内集诗注》、《建康集》、《庐诗文集》、《东莱诗集》、《嵩山集》3次、《知稼翁集》、《太仓稊米集》、《梅溪集》、《干道稿淳熙稿》2次、《自鸣集》、《石屏诗集》、《烛湖集》、《省斋集》、《漫塘集》、《泠然斋诗集》、《文章正宗》、《后村集》、《孝诗》、《巽斋文集》、《雪坡集》、《富山遗稿》、《清荣居士集》2次

续表

朝代	部类			
	经	史	子	集
元	陈应润《周易爻变义组》2次、梁益《诗传旁通	马端临《文献通考》	《韵府群玉》、《庶斋老学丛谈》	《紫山大全集》2次、《静修集》、《曹文贞公诗集》、《续轩渠集》、《伊滨集》、《圭塘小藁》、《草堂雅集》、《燕石集》、《圭峯集》、《南湖集》、《性情集》、《文章精义》、《文说》、《玉笥集》、《竹斋集》
明	蔡清《易经蒙引》、林希元《易经存疑》、陈第《尚书疏衍》	徐纮《明名臣琬琰录》	《朱子语类》3次、《木钟集》（永乐）、《经济类编》、《骈志》、《御纂朱子全书》、《御览经史讲义》、《丹铅馀录》（正德）、《徐氏笔精》（崇祯）	《诚意伯文集》、《尚絅斋集》、《草阁诗集》、《归田稿》、《见素集》、《荣春堂集》、《怀星堂集》、《杜诗攟》、《空同集》、《封山集》、《东洲初稿》、《升庵集》、《念庵文集》、《杨忠介集》、《弇州四部稿》、《读书后》、《衡庐精舍藏稿》、《温恭毅集》、《茅檐集》、《圣祖仁皇帝御制文集》、《世宗宪皇帝御制文集》、《御制诗集》2次、《文选补遗》、《两宋明贤小集》2次、《宛陵群英集》、《沧海遗珠》、《唐宋八大家文钞》、《石仓历代诗选》2次、《西汉文纪》、《汉魏六朝百三家集》

续表

朝代	部类			
	经	史	子	集
清	牛钮《日讲易经解义》、陆陇其《读礼志疑》和《四书讲义困勉录》、张尚瑗《三传折诸—左传折诸》、方苞《礼记析疑》	夏力恕《湖广通志》	《通雅》（明清之际）、《思辨录辑要》（康熙）、《榕村语录》（康熙）、《订讹杂录》2次、《池北偶谈》（干隆）、《群书考索》、《古今合璧事类备要》3次、《氏族大全》、《御定渊鉴类函》6次	《御选古文渊鉴》2次、《文编》、《怀麓堂集》、《御选宋金元明四朝诗御选明诗》、《明诗综》、《宋诗抄》、《元诗选》、《古文雅正》2次、《鄱阳五家集》

2.《治安策》在《四库全书》中被收录情况

《治安策》在《四库全书》中共被完整收录17次，分类列表如下：

表8—2　收录《治安策》的文献

朝代	收录《治安策》的文献
汉	《前汉书》
宋	《资治通鉴》《西汉年纪》《通志》《册府元龟》《文章正宗》《文选补遗》

续表

朝代	收录《治安策》的文献
明	《历代名臣奏议》《经济类编》《西汉文纪》《汉魏六朝百三家集》
清	《读书纪数略》《崇文古诀》《文编》《文章辨体汇选》《御选古文渊鉴》《古文雅正》

3.《治安策》在《四库全书》被引用情况

《治安策》共被引用26次。主要有：三国曹魏时名臣高堂隆上书魏明帝文时讲“是以亡国之主自谓不亡，然后至于亡；贤圣之君自谓将亡，然后至于不亡”，以贾谊上书汉文帝为例论证被多次引用，共被收录6次，分别是《三国志·魏志》《历代名臣奏议》《册府元龟》《三国志文类》《文章辨体汇选》《御选古文渊鉴》。唐魏征言“昔贾谊当汉文帝上书云云”，激切上书言事，亦被收录6次，分别是《资治通鉴》《通鉴纪事本末》《通鉴总类》《贞观政要》《御定孝经衍义》《经济类编》。唐代白居易亦以贾长沙为例书写政治讽喻诗；在宋代被多次引用，如《淨德集》中吕陶上书宋仁宗，王应麟注释贾谊《新书》，《咸平集》中田锡《错论》上书宋真宗，《铁庵集》中方大琮上书宋理宗，南宋胡铨上书宋孝宗，都引用了贾谊《治安策》中的“可为痛哭者一，可为流涕者二，可为长叹息者六”，继承了贾谊的削弱诸侯势力、修礼制、怀柔远人、防患于未然等观点。

（二）政治合法性危机与周期理论与《治安策》被引用国家兴衰周期对比

综合《治安策》在《四库全书》中被提及、收录及援引次数与频率，可以看出，援引高峰主要是在东汉末年三国曹魏时期、唐朝、宋朝，元明清三朝则是被收录次数较多。具体可见以下两图表：

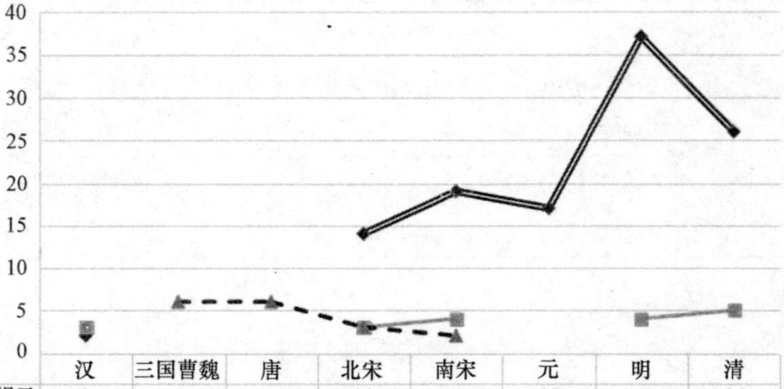

	汉	三国曹魏	唐	北宋	南宋	元	明	清
提及	2			14	19	17	37	26
收录	3			3	4		4	5
引用		6	6	3	2			

图 8—3　《治安策》在《四库全书》中出现的频次

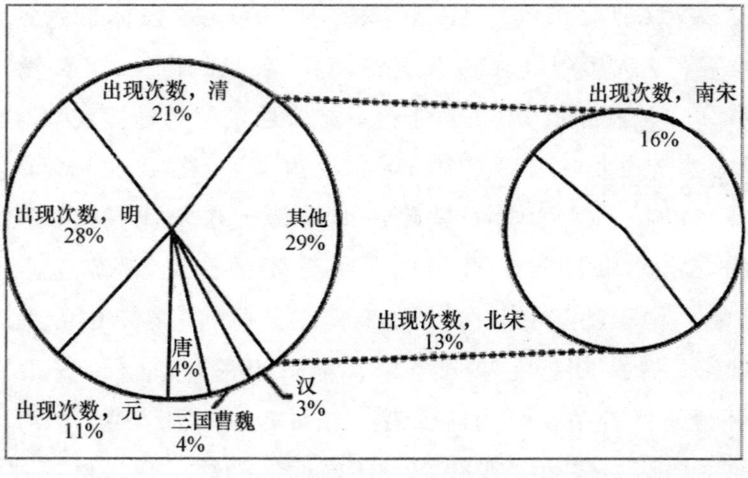

图 8—4　《治安策》在各时期出现的频次

综合图表可见，《治安策》被引用的高峰主要在宋、明、清三朝。宋朝则是南宋多于北宋。

有了晚唐后五代十国的前车之鉴，宋代开国君主赵匡胤为避免地方坐大导致王朝分裂、短命，进行了一系列加强中央集权的改革。削藩是中国历史上中央集权的一次成功强化，藩镇势力被大大削弱，多重军事机构分释兵权，权力集中于天子手中。宋朝一直面临少数民族威胁，北宋时有辽、西夏等，南宋时有金、西夏、元少数民族政权与之并立，北方少数民族以游牧民族为主，剽悍威猛，骑兵战斗力强，对宋中央政权的威胁较大，所以时时有谋臣策士提出怀柔远人、尊王攘夷的方法来解决民族问题。但是宋朝“三冗两积”（冗兵、冗官、冗费，积贫、积弱）问题由来已久，在与少数民族政权的对峙中始终处于劣势，故多以岁币、议和等方式与少数民族达成一致。这与贾谊《治安策》中所言“今天下倒县”的状况十分相似，政治合法性面临巨大危机，故《治安策》多次被引用以作为警醒帝王的工具。

明朝相比前朝更进一步加强了中央集权，朱元璋废丞相制度，在地方设监察制度和特务机构，大权独揽于皇帝一人，相权与皇权合一。但是由于皇帝一人精力有限，且制衡因素过少，政治合法性面临危机。随后内阁设立，文官崛起，向皇帝施加压力，上疏谏议，终于有了一股力量来制约皇权，最高统治权终于有了牵制平衡。但明朝权力制衡方面不甚明晰，宦官逐渐专权，皇帝行使权力有诸多掣肘。厂卫制度建立后，宦官权力逐渐扩大，政治合法性再次面临危机，在成祖朱棣设东厂之后，宣德、成化、正德、嘉靖、崇祯时期，都有谏臣引《治安策》来上疏皇帝，希望风刺教化，规范礼法，框定浇薄世俗。

清朝是少数民族政权，本身政治合法性就受到质疑，自入关以来民间“反清复明”的口号未曾中断，清朝要巩固自身政权，稳固政治合法性。关于“尊王攘夷”，作为少数民族政权，便将自身认定为“王”，汉人成了劣等，八旗子弟身份尊贵，汉族血统地位低下，其正是依靠等级划分来强调政权的合法性。但毕竟是满汉合流，而汉族的政治发达程度远远超过满族，故清朝沿用汉制，树礼修法，在政治制度上增强合法性。康熙平定三藩之后施行“偃武修文”措施，使用强制手法——文字狱——来强行寻求政治合法性，毁坏包含“异端”思想的书籍，大肆编书，导致了之后的乾嘉学派沉溺于考据训诂，却也编纂了宏伟巨著《四库全书》。浩如烟海的图书总集收录了许多前朝留存，也增补了许多亡佚书籍，《治安策》在此种情况下，被多次收录、引用。

东汉末年，天下三分，政治合法性危机频现，曹魏谋士高堂隆言“贾谊方之，以为天下倒县，可为痛哭者一，可为流涕者二，可为长歎息者三。况今天下彫弊，民无儋石之储，国无终年之畜，外有强敌，六军暴边，内兴土功，州郡骚动，若有寇警，则臣惧版筑之士不能投命虏庭矣”。以贾谊对汉朝的忧虑为例证，说明汉朝天下已然一统却还是要居安思危，更匡论曹魏所面临的刘蜀与孙吴均为强敌，还没有达成国家统一，政治合法性还没有立足的根基，更要时时处处当心。其认为“不正谏而为世诫”，若是臣子不上疏劝谏，帝王不足以意识到危机的严重性，那只能（灭亡）而成为后世所诫了。

当一个政权出现政治合法性危机，即民众不再自觉拥护政权的时候，这个政权就会面临被推翻、被替代的危险。从中国历史来看，各王朝面临的政治合法性危机虽各有不同，但基本无外乎诸侯藩镇、民生世俗、礼法崩坏、夷狄之患。故而《治安策》所提理论——以民为本、尊王攘夷、礼德教化、移风易俗——在王朝政治合法性面临危机时常会被谋臣策士重新提起，上书皇帝，时有引用，希望通过这些方面的改良来使政治合法性得到恢复。若是君主采纳了谏议，成功改革，政治合法性危机得到解决，那王朝便继续存在，直到出现新的合法性危机；若是政治合法性危机得不到解决，王朝就有可能逐渐衰败，失却民心，为其他势力所推翻。

（三）《治安策》在国际范围内的溢出性影响

1. 日本——“尊王攘夷”思想

日本的“尊王攘夷”思想源于尊王论与攘夷论的合流。尊王论源于17世纪开始成型的神道教与水户学，其中水户学核心观点是“奉神州之道，资西土之教”①。其中“西土”即指中国，“西土之教”指中国的儒学。17世纪的中国正值明朝，儒学是经过汉儒改变、又经过明代思想家融合心学与理学的新的儒学。尊王论主张把日本神道教与中国儒学传统结合，认为天皇是至高无上的权威体现。攘夷论则是源于儒学中的华夷思想，移植到日本，日本变成了华夷体系中的中心国家，西方的洋人成为“夷”，是要驱赶与隔离的对象。幕末时期，日本的民族危机十分严重，面对西方列强可谓蛮横的侵入，日本政府面临的政治合法性危机也空前严重。于是尊王论与攘夷论结合，形成尊王攘夷思潮，增加天皇手中可以掌握的实权比例，再通过天皇的权威进一步增加幕府权力。直到日本开国后，“尊王攘夷”思潮定型，天皇是代表日本“万世一系”的至高无上的权威，不论幕府还是其他人都不能逾越天皇的权威。“尊王攘夷”思潮后又酝酿出“尊王攘夷”运动，进一步发展为倒幕运动，奠定了明治维新的基础，带领日本走向近代化。

2. 朝鲜——孝宗北伐

1644年前，清朝与朝鲜进行了两场战争，俘获了数十万人。之后清政府强迫朝鲜仁祖出城迎接作为俘虏遣回的质子，一则“夫”迎“子”不符合儒教礼法，二则朝鲜君臣不愿承认清朝政权的正统地位。朝鲜君臣认为，李朝300年来均忠明朝，宣祖即言“义则君臣，恩犹父子”。所以朝鲜孝宗以光复明朝为己任，希望与日本等结盟，完成“反清复明”大业。

① 「水戸学の特質」，『水戸学』，1973，第442頁。

可见朝鲜君臣深受儒学的浸润。孝宗对南明、日本、台湾郑氏，甚至是三藩、准噶尔部等反清势力寄予希望，渴望联合实施行动。但终究由于兵力过于薄弱且清朝对朝鲜一直保有戒心而失败。

3. 越南——光复会

1885 年清法《天津条约》之后，法国接管了越南，越南成为法属殖民地。民族危机使越南人民“尊王攘夷”意识高涨，以越南疆柢亲王与有志之士潘佩珠等人为领袖成立了越南光复会，进行反法复国运动。后由于后援难以跟进，法军又多次探得革命军起事消息而提前镇压等原因而未能成功。

四、《治安策》的借鉴价值

（一）对当代中国国家治理的意义

通过在中国知网重要报纸全文数据库中检索三年之内各报刊对相关关键词提及频率，来看《治安策》对当代中国国家治理中的借鉴意义（频率具体数据见图 8—5）。

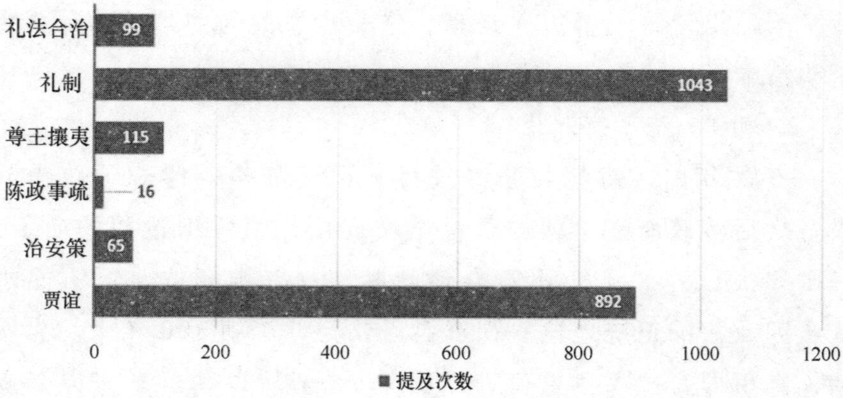

图 8—5　关键词提及次数

从图中可看出，“贾谊”在三年内被各种报纸提及的频率接近900次，其中《治安策》被提及80余次，《治安策》中涉及的理论也是被频繁提及。数据说明了贾谊的政治理论对当代国家治理有较大的借鉴意义。

（二）对当代外交思想的借鉴

《治安策》作为汉儒新变的开端，提出的观点随着后世儒学的逐渐成熟而被发扬光大。例如尊王攘夷思想、礼法兼治思想、教化民俗思想、注重教育思想等。政治合法性面临的危机往往周期性有规律可循，当政治合法性面临巨大危机，例如异民族入侵、国家分裂、政策失察而导致世风浇薄时，统治者或者建言者就会重新提出以《治安策》为开端的儒学思想，寻求方法对危机进行处理，对衰败政治局面进行挽救。

最明显的是怀柔远人思想。当代多边外交思想中，建构主义观察国际关系的现象和缘由之间的关系，强调其中的文化因素和心理因素的重要性。例如文化外交。文化外交重视多边关系中传统与文化因素的相近性，通过文化交流来建立国与国之间的良好关系。古代通过和亲、岁贡、通商等手段来招徕“远人”，与之保持和平关系，当代外交通过文化互通、教育传播、经济交流来与“远人”和平共处。

在当代双边、多边关系实践中，中国的外交就是很好的例证。新中国建立初期，中央人民政府的政治合法性面临危机，刚刚成立的新政府还未得到多数国家的认可，周恩来兼任外交部长时便提出“安定四邻”。20世纪50年代，美国与苏联两个超级大国冷战不休。中国既要清除在国内的帝国主义残余势力，又要谋求国际关系新秩序，于是在1955年参加第一次亚非会议时兼任外交部长的周恩来提出了互相尊重主权和领土完整、互不侵犯、互不干涉内政、平等互利、和平共处五项原则，并在之后的国际关系进程中不断发展、完善，成为国际关系准则之一。21 世纪以来，中国周边关系出现了一些问题，针对复杂的周边外交环境，中国接连提出了“以邻为伴，与邻为善”、“睦邻友好”、“周边是首要，大国是关键，发展中国家是基础，多边是重要舞台”等周边外交准则。

当面临周期性的政治合法性危机时，贾谊的《治安策》及其内涵的儒家思想、治国理伦亦可以不断结合当代现实状况，历久弥新地发挥作用。

五、结论

贾谊的《治安策》在西汉内忧外患并起的历史环境下，作为问题的提出者和解答者出现，顺应了历史的潮流，对西汉初期文帝朝面临的政治合法性危机起到了缓解作用。随着“文景之治”的到来，政治合法性不再面临危机，自然而然《治安策》便退回了史书一隅，不再为当时所重视。

由《治安策》在古籍中被提及的频次可以看出，在古代时，国内国外同时面临严重危机的朝代，对《治安策》的收录、引用均较为频繁。《治安策》作为一种历史思想借鉴，被其他各朝借鉴以解决现实的内忧外患问题，具有了历史思想资源的价值。这种借鉴并非是无规律的，而是呈现出较为明显的周期性，实则是与当时的现实政治环境与现行政治制度密切关联。当政治合法性面临危机，现行政治制度出现裂痕，不足以化解当前危机时，《治安策》便会一次又一次地被各种官方文献收录，被各朝各代言官谏臣引作上疏的例证，借贾谊之口，或劝说当朝天子，或结合现实发展贾谊的观点，提出缓解、解决危机的新方法。《治安策》被收录、引用的周期与当时朝代出现政治合法性危机的周期大体上是吻合的，由此可见其影响力。《治安策》在古代多个朝代都被收录或引用的事实证明了它对解决政治合法性危机有借鉴作用，在当代双边、多边外交的实践中也可以看到其思想内涵的传承。所以，《治安策》不仅是遥远2000年前的一篇匡时救世、针砭时弊的策论，更是面对合法性危机时，时时可以借鉴的重要历史资源。

第九章 儒家合法性政治观在当代史学中的关键性效用

史学是意识形态的一个组成部分，因此史学也是观察政治合法性资源运用的一个重要尺度。本章主要从儒家的合法性政治观来观察当代史学中合法性政治的效用问题。儒家政治思想在当代东亚史学中的延续和重新发掘目标是解决合法性危机、构建新政治思维的合法性、为新集团进入权力中心开辟渠道。儒家政治思想重新解释历史的关键性效用是构建合法性，对于种族和民族而言，构建它们存在和延续的合法性，对最高权力而言是构造历史功勋，对于新生的权力则是生存权并进一步挑战主导权的需求。历史政治学的关键性效用是政治对历史学要求的直接体现，作为对客观存在的表达载体一般体现为教科书或竞争教科书体系、历史著述（含著作、论文、报告，一定程度上包含影视艺术作品），而其目标是合法性论证，形成教化体系，并且全面构建一个“历史—当代”贯通的社会。儒家政治思想重新解释历史与教科书体系不是完全一样的，儒家政治思想致力于理解“历史—政治”中一切权力因素，而不只是统治者的权力，还含有社会反抗权力。在古代历史学中，更多的体现民族合法性论证，而在近当代的历史学中，则更多的是政府与社会的博弈。本章的目的是阐述儒家政治思想重新解释历史的关键性效用，以利于理解儒家政治思想回归史学的本质。

第一节　民族的合法性论证

一个民族和种族的存在，不是天赋的，而是民族智慧维持、发展的结果。为民族存在的合法性做论证，是历史政治学在国内层面具有国家利益的特征，在这一点上超越了阶级和利益集团的界限。在当代国际政治体系内，强势国家为打开弱势国家的文化、体制“大门”，不惜培育反民族合法性的人，很显然对于民族合法性具有打击性意义。

为民族存在、强大的合法性做论证，这就是历史政治学的一般功能。

一、生存性历史

民族合法性论证描述这个民族的先祖是独立存在的，它不依赖于其他国家而存在，更不是其他国家的移民。民族合法性论证是一个二战以后出现的民族主义渗透学术问题，而不是一个单纯的历史事实问题。

例如，东亚各国主体民族的起源，与中国境内起源说有着密切的联系。在古代东亚的朝贡体系时代，日本、朝鲜、越南等曾经一度将自己作为中华文明的继承者，而否定元朝、清朝在中国大陆地区的政权合法性。

（一）远古熔炉模式

在古时，即便一些国家论证自己并非是远古的土著居民，但是都力图撇清与强权的关系，并尝试着自己创建一个属于自己的“远古熔炉模式”，这个模式只能是温和与缠绵的。

这个模式的核心是强调：虽然本国的主体民族起源于现今国土之外，但是经过自然的迁徙来到这里，与当地人民友好相处，和平共建，最终形成了新的民族，并一起建立了国家。

（二）远古独立模式

即便这些国家起源于其他的民族，它在古代已经是独立的国家，而不是一个依附性地方政权，或者说附庸国、或者作为郡县而存在。

二、尊严性历史

民族单纯的生存性论证是远远不够的，对于一个民族主义国家而言，它还需要尊严、荣光与体面。历史学中充分体现了这一民族主义功能。

例如，对于日本而言，它的历史“荣光”起源于明治维新之后军国主义时代。军国主义带给了亚洲人民痛苦记忆，但日本政府对待历史问题的错误态度却和否定大和民族的“尊严”纠缠在了一起。

对于民族合法性的论证，对于保持国家的独立性和国家生命延续至关重要。这一点，仍然遵循现在主义原则，按照现行政治的逻辑来进行推理，而不是其他政权。

三、消除民族记忆的逆流

一些国家以主动删除教科书里的民族主义情绪，显示国家风度。这种模式“消灭”现代化国家在反抗侵略中的斗争，某种程度上是消极的。

当然，民族合法性的论证可能是变动的，这一点政治的需要具有较大的影响。如在历史上，当一国强大时，其他国家崇尚其文明，就纷纷寻找依据把自己打扮成或接受自己也是其祖先式人物的后代；但当这一国式微时，其他国家内民族主义兴起，就纷纷说本民族就是从发现人类化石以来的土著；而为了强调独立性而否定、沉默于人类起源于同一祖先或某一特定的地区也都是必然的。

第二节　历史功勋论与执政的合法性来源

古代每个朝代推翻前一政权，都会论证革命、暴动、颠覆的合理性，从而形成历史功勋论，以维持合法性来源中至关重要的一环。儒家政治思想强调“名正言顺”。因此儒家政治思想在政权合法性问题上，主张该政权要符合“政道”和“治道”两个标准。古时，在历史学家对政权合法性的论证中，往往论证该政权是探索了其他道路不通之后，最终选择了现在的道路。在“治道”方面，则论证前政权导致民生凋敝以及本政权受到人民的拥护和支持。

儒家政治思想中的合法性理由，成为当代历史学家论述“存在即合理”的重要途径。马克斯·韦伯认为，任何统治者都企图唤起和维持民众对其合法性的信仰。儒家政治思想在论证合法性的理论和逻辑方面，具有自己的特定理论优势。在中国古代，从“天命论”、周公的“敬天保民”，再到“君权神授”，都是为儒家学说建设合法性带来的前期的资源。

儒家政治合法性思想起源于周公，后历经不断完善，形成了“天命、敬德、保民”的内容。“天命”是政治合法性的终极来源，“敬德”为政治合法性的现实依据，“保民”为政治合法性的政策归宿。[①]

各国内在地包含三个互相作用的合法性来源：一是历史来源，二是经济来源，三是政治来源。每个时代的政府都需要寻找历史合法性。这里需要说明的是，并不是只有专制体制才需要，民主体制也需要，在这里合法性需求与体制没有直接的因

① 冯学知：《儒家伦理与政治合法性探究》，http：//blog. sina. com. cn/s/blog_8853a6fa0100x62e. html。

果关系。

但是执政的三个合法性来源会互相冲击，当一个国家中某个新兴的阶级以革命、战争或改革等方式取代了前一政权，大量的历史未亡人被消灭，那么新的政权虽然在体制上保留了历史面貌，但是历史合法性来源就被大大降低，而经济来源就大为提升。政治、经济、历史构成三足鼎立的态势，互相矛盾，但是互相支撑起政权的合法性。

一、历史功勋论

作为阶级的政权存在、世袭、轮替，只是表面的现象，如果阶级本身没有实质性的变更，那么历史功勋论就将必然维持。美国经过几百年的发展，其本质没有变更，因此华盛顿的功勋就将一直维持存在。如果同一个国名框架内的同一个名义上的执政团体，对创始者进行否定，那么就意味着“两个国”在实质上产生了。历史功勋论有以下几个表现。

（一）历史荣光主体论

在民族性的抗争事件中，它是承担历史荣光的主体，互相对立的分类政权会在这里展开竞争。在历史荣誉中争夺主体担当的资格，目标是使自己具有民族意志代理人的形象，从而塑造自己的全民代表性和民族性。

（二）历史人物的正面“圣徒传记”

将历史正面人物、领袖视为一种超人、圣人，理想中的伟人、贤人，给他附加了多种道德上的意义。以至于他的传记从儿童到死亡编写成了一部“圣徒传”，在写作中否认他们是凡人、话语并非都是真理、个人恩怨反映到政治中来及性格弱点也严重影响国家事务等事实，将所有博弈都归结为有深刻政治、经济背景的博弈或者纯粹无个人恩怨的博弈。将他们虚荣、挟怨报复、气度狭小也披上一层为某种高尚目的而不得不如此的

"神圣光环"。

（三）即时历史写作

官方的现时历史主义表现在政策、措施尚没有发生影响的情况下，已经做出历史的评判。如果有人每天对自己的行为自言自夸，大家一定认为他很不正常；而如果每个人都把好事和自己应该做的份内事迫不及待地告诉所有人，大家一定认为他别有用心。可以说，"自我书写"历史作为一种未来指导写在文件中，如果只是停留在它的内部，那么谬误也只停留在集团个体，问题在于它因为执政要把这些精神扩展到大众普通的生活领域并试图影响大众对政治的判断。对现在历史进行外化是业已实现的精神，但对史学革新和政治学革新却是一种未加物化物，它牵涉到敏感的政治问题，而且成为左右力图融入它所有控制的机构的一张通行证。

（四）结局恐怖主义

"结局恐怖主义"是假设历史的相反情况，其目标是塑造："如果不是我，那么会是灾难性的"。在这里，历史功勋论通过否定其他可能来论证对政权选择的合理性。

结局恐怖主义是政治的一个游戏。恐怖主义作为一种对自身、物质的威胁需要做出心理学的评估。但是背反真善美、突发性、对习惯的突然改变性导致的心理不适无疑也是其中的特征。心理学功能等软的恐怖相对于物质性的杀伤可能在心理效应上远大于肉体的杀伤。软杀伤如触觉特征的信息恐怖、亚恐怖正是心理恐怖主义所要达到的一种效果，心理恐怖主义也许能够使语言、声音、动作的暗示造成为暂时恐怖，但是它的效应往往扩散化，对心理造成混乱、错乱、交叉、不适应、重叠、扩散、互动互用，影响社会生产与人的精神生产力的积极主动，影响人们对经济的信心和注意力。肉体对恐怖主义是没有意义的，恐怖主义实际杀伤了人民的感情、社会安定的气氛和人民的安居乐业，形成灾难的象征与低沉的国民情绪。

结局恐怖主义可能被用来作为政治的工具。“结局恐怖”在历史学中体现为一种说服策略。

（五）“医之不病以为功”的逻辑

历史功勋论千方百计扩大功勋的范畴，政治手段是把份内的事情扩大为宣传，写入历史学著作。

在以上五种之外，还存在类似的逻辑，但是都为了证明今日超越过去一切时代。今日是否一切都超过历史，显然是辩证的。但是历史政治学并不介意在历史学描述上先验地规定“当代的一切都超过历史”，这就必然是谬误的。

二、历史功勋论的三足鼎立

政治统治合法性的基础是历史功勋论、经济功绩论和制度优越论。这三者相互配合，形成了合法性建构的主要组成部分。一般而言，政治家们要论述自己的历史是清白和革命的，同时在现存情况下，它发展了经济、保障了民主制度，给人民带来了幸福。幸福感固然是一个指标，但是生产力和生产关系基础上塑造了经济功绩论、制度优越论构成了与历史功勋论的三足鼎立。

（一）历史功勋是合法性的继承性来源，而经济功绩论和制度优越论则是现世型来源

历史功勋为了证明一个真理，即“父亲好汉儿子非混蛋，一代更比一代强”。历史功勋多多少少带有一个国家的传统心理特点和政治安排的文化习惯。打天下的群体也能够很好地坐天下，则是儒家政治思想试图充分论证的逻辑。

为了弥补传统的不足，权力的上层精英采用了以经济功绩论和制度优越论做为补充的方式。这意味着，它将接受来源于自己所做作为效果的考验。孰不知这一建立是非常脆弱的，因为经济本身是难以长久恒定繁荣的，特别是建立市场化后，经济危机的规律就开始发挥作用。

（二）历史功勋论内在地和经济功绩论、制度优越论镶嵌在历史学著作中

历史学著作通过否定前一时代来论证本时代的合法性，还进一步论证当代作为的合理性和功勋，以“大功勋”取代单纯依赖革命成功的“小功勋”。

制度优越论通常会被归结到历史功勋论和经济功绩论，而经济功绩论、制度优越论也容易被进一步容纳到历史功勋论中去。但这丝毫无损于它的效能。

三、历史功勋论的本质是意识形态领导权

葛兰西曾经在《狱中札记》提出了“文化领导权”的问题。历史功勋论的本质是政权在新生或维持阶段的意识形态领导权，这事关政权的安危，带有国家安全性质。

保持思想的警惕与长时间地处于思想紧张状态是两种事。处于思想紧张状态使国家一直处于运动中。运动对人自发要求的安定的悖逆几乎可以和战争带来的不安全相当。后现代社会的阶级博弈弱化论给意识形态领导权的反对派兴起提供了历史性的机遇。

随着国家权力不断向市场做出让步，权力对于意识形态的控制能力严重下降。政权的保持是复杂的斗争，而更复杂的斗争是对人世界观的改造。

对科学研究来说，不仅要反对历史学商业化，也要反对国家对历史学的某种不合理的垄断权。历史学的过去，像是史前史，而真正的历史学需要在重新认知儒家传统价值和西方现代化价值中实现“自我救赎”，这样的史学将归入“价值中立”的轨道。

第三节　具有开拓性的国际主义

儒家政治思想有着浓厚的“天下”观念，对于国家观念的意识相对淡薄。这是基于儒家将天下视为一家的理论。《礼记·礼运》说：“以天下为一家，以中国为一人。”因此，梁漱溟认为，相对于西方人，中国人重天下而轻国家[①]。在儒家政治思想的视野下，文明程度是划分人群的主要标准，道德是解决国际问题的首要标准。由于儒家的“世界”从哲学意义上来审视，是一个没有边界的空间，因此儒家的世界是一个“四海之内皆兄弟”的世界。在这个世界里，没有彼此之间的私利界限，而是一个共通的道德共同体。

一、儒家的“民族观”与天下观通向全球化与区域合作

儒家在夷夏之辨中，明确了人群的划分标准并非近现代西方所谓的语言、肤色，也非信仰，而是依据道德标准。“凡符合仁义道德的，《春秋》则中国之；凡不符合仁义道德的，《春秋》则夷狄之。”[②]因此，儒家政治思想视野下的“天下观念”，明确指出人类不能以为另外一个人群是“野蛮”，就可以使用武力去攫取其财富，否则这种行为本身就是野蛮的。

儒家的“天下”是一个“己所不欲，勿施于人”的道德规制的世界。在这个世界里，人因为具有道德，而区分于动物。与西方主导的“霍布斯状态”世界论说不同，儒家对人与人之

① 梁漱溟：《中国文化要义》，《梁漱溟学术自选集》，北京师范大学出版社，1992年版，第331页。

② 蒋庆：《公羊学引论》，辽宁教育出版社，1995年版，第222页。

间利益冲突的解决是孟子与梁襄王对话中在回答“怎样解决和安定世界上的诸多纠纷”的问题时，孟子给出了“定于一”(《孟子·梁惠王上》)的答复。这个“一”，意味着全球化的统一，也就是解决无政府状态，出现一个符合道德准则的公共权力机构来裁定冲突各方的是非曲直。因此，在儒家看来，“大一统”既可以作为一个国家在近现代确定其边界和人民的政治体，也可以接近全球化统一的“天下文明”。

二、东亚史学对区域合作并不拒绝

东亚的史学家们对建立东亚的区域合作并不拒绝。

从历史资源上看，东亚各国都对本国能囊括尽可能大的领土的朝代表示了历史学的敬意。这些朝代都被各国的历史学家认为是其祖国最为强大的时候。

从对历史人物的评价上审视，那些促进合作、以德服人的政治家都得到褒扬。那些遵循道德的国家间关系准则的政治家们，获得儒家文化圈的一致认可，并被认为代表着本地区的和睦以及合作典范。

三、儒家政治思想的“道德”无边界给干预主义留下了空间

在儒家政治思想中，道德的效力是无边界的。无论任何人，即使是天子将相、王公诸侯，只要违背了基本价值观，都属于被指责和干预合法性的行列。蒋庆说：“按照《春秋》义法，成周可新，天子可贬，诸侯可退，大夫可讨。”[①] 因此，在春秋时期，邻国君主被臣子所杀违背政治伦理，或者君主无道，失去民心，都成为了邻国干预的合法性理由。

---

① 蒋庆：《公羊学引论》，第334页。

但是儒家的干预是意图恢复该国的“正道”，也就是符合道义和道德的政治秩序；征讨别国乃至天下的无道之君是替天行道，但武力的使用仍然受到儒家的贬抑。孔子评武王伐纣说：“尽美矣，未尽善也。”（《论语·八佾》）因此，儒家的“国际干预”和全球化一样，都力图超越狭隘的本国利益，而着眼于别国人民和天下的共同利益。当代东亚史学对滥用武力者持有较强的排斥观念。

儒家政治思想主导下的“天下”观念，对于改善中国与儒家文化圈内其他国家之间的关系至关重要。随着近代以来西学东渐，“天下观”逐步淡化，甚至面临着消失。儒家政治思想为中国在处理与部分邻国、区域化问题上，拥有“天下观”这样丰富而能为各国所接受的价值观。在中国发展过程中，是一种亟待开发和使用的资源。

主要参考文献

（按汉语拼音排序）

一、中文著作

（一）汉译著作

1.［德］马克斯·韦伯著，林荣远译：《经济与社会》（上卷），商务印书馆 1997 年版。

2.［德］乌尔里希·贝克著，何博闻译：《风险社会——新型现代的未来出路》，译林出版社 2004 年版。

3.［德］尤尔根·哈贝马斯著，曹卫东译：《合法化危机》，上海人民出版社 2000 年版。

4.［法］卢梭著，何兆武译：《社会契约论》，商务印书馆 2003 年版。

5.［法］莫里斯·迪韦尔热著，杨祖功、王大东译：《政治社会学》，华夏出版社 1987 年版。

6.［法］让－马克·夸克著，佟心平、王远飞译：《合法性与政治》，中央编译出版社 2008 年版。

7.［加］布来顿等著，毛丹等译：《理解民主——经济的与政治的视角》，学林出版社 2000 年版。

8.［美］阿尔蒙德等著，曹沛林译：《比较政治学：体系、过程和政策》，上海译文出版社 1987 年版。

9.［美］安东尼·唐斯著，姚洋等译：《民主的经济理论》，上海人民出版社 2005 年版。

10. [美] 戴维·伊斯顿著，王浦劬译：《政治生活的系统分析》，华夏出版社 1999 年版。

11. [美] 弗兰西斯·福山著，李永炽译：《历史的终结与最后之人》，远方出版社 1998 年版。

12. [美] 杰弗里·庞顿、彼得吉尔著，张定淮等译：《政治学导论》，社会科学文献出版社 2003 年版。

13. [美] 劳伦斯·迈耶等著，罗飞等译:《比较政治学——变化世界中的国家和理论》，华夏出版社 2001 年版。

14. [美] 迈克尔·罗斯金:《政治科学》，华夏出版社 2001 年版。

15. [美] 帕森斯著，梁向阳译:《现代社会的结构与过程》，光明日报出版社 1988 年版。

16. [美] 塞缪尔·亨廷顿著，刘军宁译：《第三波——世纪后期民主化浪潮》，上海三联书店 1998 年版。

17. [美] 塞缪尔·亨廷顿、纳尔逊著，汪晓寿译：《难以抉择——发展中国家的政治参与》，华夏出版社 1988 年版。

18. [美] 约翰·罗尔斯著，林怀宏等译：《正义论》，中国社会科学出版社 1988 年版。

19. [意] 安东尼奥·葛兰西著，曹雷雨等译:《狱中札记》，中国社会科学出版社 2000 年版。

20. [意] 萨托利著，王明进译：《政党与政党体制》，商务印书馆 2006 年版。

21. [英] 戴维·米勒、韦农·波格丹诺主编，邓正来主译:《布莱克维尔政治学百科全书》，中国政法大学出版社 2002 年版。

22. [英] 约翰·基恩著，马音等译：《公共生活与晚期资本主义》，社会科学文献出版社 1999 年版。

（二）中文著作

1. 李慎明主编：《执政党的经验教训》，社会科学文献出版社2008年版。

2. 王长江、姜跃主编：《世界执政党兴衰史鉴》，中共中央党校出版社2005年版。

3. 王长江：《苏共：一个大党衰落的启示》，江南人民出版社2002年版。

4. 王长江：《现代政党执政规律研究》，上海人民出版社2003年版。

5. 王海洲：《合法性的争夺》，江苏人民出版社2008年版。

6. 吴振坤主编：《世纪共产党执政的经验教训》，中央党校出版社2002年版。

7. 燕继荣：《发展政治学：政治发展研究的概念与理论》，北京大学出版社2006年版。

8. 岳天明：《政治合法性问题研究》，中国社会科学出版社2006年版。

二、期刊论文

1. 白钢、林广华：《论政治的合法性原理》，《天津社会科学》2002年第4期。

2. 邓遂：《论政党执政的合法性及其获得途径》，《党政干部学刊》2003年第1期。

3. 费久浩：《现代政治统治的合法性基础》，《党政干部学刊》2009年第7期。

4. 甘剑斌：《政治合法性危机及其解决路径》，《苏州大学学报（社会科学版）》2009年第1期。

5. 胡伟：《合法性问题研究——政治学研究的新视角》，《政治学研究》1996年第1期。

6. 黄生成：《中国共产党执政合法性面临的新挑战及对策探析》，《兰州学刊》2007 年第 10 期。

7. 蒋京仪：《政治合法性：共产党执政建设的重要课题》，《长白学刊》2003 年第 6 期。

8. 孔寒冰：《从苏共垮台看执政合法性的动态性》，《探索与争鸣》2008 年第 8 期。

9. 李英田：《经济增长与政治合法性的关系探析》，《理论前沿》2003 年第 22 期。

10. 李永刚：《现代政治的“合法性”：获得与丧失》，《甘肃行政学院学报》2008 年第 2 期。

11. 刘宗洪：《构建执政党的合法性基础》，《岭南学刊》2003 年第 4 期。

12. 马宝成：《有效性与传统政治权力的合法性》，《理论探讨》2002 年第 5 期。

13. 皖河：《利益集团、改革路径与合法性问题》，《战略与管理》2002 年第 2 期。

14. 王庆利：《政治合法化问题的理论研究价值探析》，《岭南学刊》2005 年第 1 期。

15. 吴怀友：《中国共产党执政合法性问题研究述评》，《求实》2004 年第 9 期。

16. 张健：《合法性与中国政治》，《战略与管理》2000 年第 5 期。

17. 张康之：《合法性的思维历程：从韦伯到哈贝马斯》，《教学与研究》2002 年第 3 期。

18. 张亚泽：《发展中国家转型中的政治合法性危机探索》，《云南行政学院学报》2000 年第 5 期。

19. 周桃明：《论中国共产党执政合法性的基础》，《深圳大学学报（人文社科版）》2004 年第 7 期。

三、学位论文

1. 葛海彦：《中国共产党执政方式研究》（博士学位论文），中共中央党校2005年。

2. 何强：《欧洲社会党执政经验研究》（博士学位论文），中共中央党校2006年。

3. 贾小明：《共产党执政合法性研究》（博士学位论文），中共中央党校2003年。

4. 厉有国：《中国共产党执政资源建设研究》（博士学位论文），陕西师范大学2009年。

5. 寥龙辉：《马克思主义执政党执政理论若干问题初探》（博士学位论文），中共中央党校2006年。

6. 林松柏：《中国共产党执政权威问题研究》（博士学位论文），山东大学2008年。

7. 陆春：《中国共产党长期执政的合法性研究》（博士学位论文），中共中央党校2013年。

8. 茆素琼：《合法性视阈下中国共产党长期执政研究》（博士学位论文），南京师范大学2012年。

9. 万安琪：《当代中国的政治合法性问题研究》（硕士学位论文），山西师范大学2014年。

10. 徐永军：《政治合法性视野中的毛泽东政治发展观研究》（博士学位论文），吉林大学2006年。

11. 叶旺根：《中国共产党执政合法性资源研究》（博士学位论文），华东师范大学2010年。

12. 于延晓：《中国共产党执政的合法性研究——以权力与权利的关系为进路》（博士学位论文），吉林大学2007年。

13. 张燚：《宣传：政党领导的合法性建构——以中国共产党为研究对象》（博士学位论文），复旦大学2010年。

14. 赵中源：《中国共产党执政资源的多维探析》（博士学位论文），湖南师范大学2007年。

15. 郑文涛：《中国共产党执政经验研究》（博士学位论文），首都师范大学2007年。